거룩한 삶의 실천 시리즈 6

거룩한 삶의 은밀한 대적 2

자기자랑
why do you boast in your self?

김남준

생명의말씀사

김남준 현 안양대학교의 전신인 대한신학교 신학과를 야학으로 마치고, 총신대학교에서 목회학 석사와 신학 석사 학위를 받았으며, 신학 박사 과정에서 공부했다. 안양대학교와 현 백석대학교에서 전임 강사와 조교수를 지냈다. 1993년 **열린교회**(www.yullin.org)를 개척하여 담임하고 있으며, 현재 총신대학교 신학과 조교수로도 재직하고 있다. 저자는 영국 퓨리턴들의 설교와 목회 사역의 모본을 따르고자 노력해 왔으며, 아우구스티누스를 비롯한 보편교회의 신학과 칼빈, 오웬, 조나단 에드워즈와 17세기 개신교 정통주의 신학에 천착하면서 조국 교회에 신학적 깊이가 있는 개혁교회 목회가 뿌리내리기를 갈망하며 섬기고 있다.

주요 저서로는 **1997년도 기독교 출판문화상**을 수상한 『예배의 감격에 빠져라』와 **2003년도 기독교 출판문화상**을 수상한 『거룩한 삶의 실천을 위한 마음지킴』, **2005년도 기독교 출판문화상**을 수상한 『죄와 은혜의 지배』를 비롯하여 『구원과 하나님의 계획』, 『게으름』, 『자기 깨어짐』, 『하나님의 도덕적 통치』, 『교사 리바이벌』, 『자네, 정말 그 길을 가려나』, 『목회자의 아내가 살아야 교회가 산다』, 『설교자는 불꽃처럼 타올라야 한다』, 『돌이킴』, 『싫증』, 『개념없음』, 『그리스도인이 빛으로 산다는 것』, 『가상칠언』, 『목자와 양』, 『아이야 엄마가 널 위해 기도할게』, 『깊이 읽는 주기도문』 등 다수가 있다.

거룩한 삶의 은밀한 대적 2

자기사랑

ⓒ 생명의말씀사 2006

2006년 8월 25일 1판 1쇄 발행
2021년 3월 15일   15쇄 발행

펴낸이 | 김재권
펴낸곳 | 생명의말씀사

등록 | 1962. 1. 10. No.300-1962-1
주소 | 서울시 종로구 경희궁1길 6 (03176)
전화 | 02)738-6555(본사) · 02)3159-7979(영업)
팩스 | 02)739-3824(본사) · 080-022-8585(영업)

지은이 | 김남준

기획편집 | 태현주, 조해림
내지디자인 | 박소정, 정혜미
인쇄 | 영진문원
제본 | 정문바인텍

ISBN 89-04-15655-6 (04230)
      89-04-00108-0 (세트)

저작권자의 허락없이 이 책의 일부 또는 전체를
무단 복제, 전재, 발췌하면 저작권법에 의해 처벌을 받습니다.

거룩한 삶의 은밀한 대적 2

자기자랑

목차

저자 서문 | 6

제1장 자기 자랑의 파괴력 11
"휴우, 간신히 이겼네" | '자랑' 이란 무엇인가 | 고린도 교회와 자기 자랑 | 자기 자랑 1 : 하나님보다 자신을 높임 | 자기 자랑 2 : 그릇된 가치를 좇게 함 | 자기 자랑 3 : 거룩한 은혜를 고갈시킴 | 자기 자랑 4 : 공동체를 오염시킴 | 신자는 자랑하지 않습니다

제2장 자기 영광을 구하는 자랑 33
박수를 그치고 하늘을 보세요 | 자랑하던 두 왕 | 자랑의 파괴력 | 하나님 자랑과 자기 자랑 | 자기 자랑에 끌림 | 더 큰 자랑거리 | 예수 그리스도의 본을 따름

제3장 자기 자랑과 사랑의 결핍 53
귀하신 몸, 천하신 몸 | 자랑은 뻐기는 것 | 자랑의 심리 1 : 인정받으려는 의도 | 자랑의 심리 2 : 사랑의 결핍 | 자랑과 목마름 | 사랑의 묘약

제4장 하나님 없는 자기 자랑 69
알렉산드로스의 유언 | 한 장사꾼의 인생 설계 | 허탄한 꿈들 | 언약 백성의 소명 | 소명과 자랑 사이에서 | 은혜의 목적

제5장   자기 자랑으로 얻은 추종자 89

요란한 신장 개업 | 자랑하던 사람 | 추종자를 얻음 | 자랑하던 자의 죽음 | 기쁨의 비밀, 낮아짐 | 예수 그리스도의 형상을 이룰 때까지

제6장   아첨과 자기 자랑 105

생글생글 웃으며 하는 말 | 아첨과 자랑 | 아첨 1 : 하나님께 대해 | 아첨 2 : 다른 사람에 대해 | 아첨 3 : 자신에 대해 | 낙지 신자

제7장   신실함과 자기 자랑 117

덜덜 떨던 전쟁 영웅 | 하나님의 자비 | 자비의 기원 | 신실한 사람은 자랑하지 않는다

제8장   언약 백성의 자랑거리 133

세 아이의 아빠 자랑 | 언약 백성에게 부탁하심 | 자랑하지 말 것 1 : 지혜 | 자랑하지 말 것 2 : 용맹 | 자랑하지 말 것 3 : 부(富) | 자랑거리, 사랑거리 | 우리의 자랑 | 하나님을 아는 자의 삶 | 하나님을 알 때 | 지식에서 자라감

제9장   하나님을 추구함 155

하나님 자랑 끝에 흘린 눈물 | 언약궤의 귀환 | 영혼이 고양되는 길 | 자기 자랑의 힘 | 하나님을 추구하는 자 | 성화와 자기 자랑 | 하나님을 자랑하는 나라

저자 서문

어느 해 겨울로 기억됩니다. 몹시도 춥던 날 밤에 사랑하는 한 형제와 진지한 대화를 나눴습니다. 늘 가깝게 지내던 사이였는데 언제부터인지 내가 그를 좋아하는 것만큼 그가 나를 기뻐하지 않는 것 같다는 느낌이 들던 때였습니다. 여러 시간 동안 대화하면서 그의 이야기에 귀를 기울였습니다. 그는 애써 저의 결점을 에둘러 말해 주었습니다.

그 일이 있고 난 후 제 자신의 생활을 좀더 냉정하게 성찰해 보았습니다. 그리고는 제 안에서 자기 자랑의 욕구를 발견하였습니다. 저는 스스로를 자기 자랑과 거리가 먼 사람이라고 생각해 왔는데, 그게 아니었습니다. 하나님의 말씀에 제 자신을 가까이 비추어 보면서, 제 안에 깊이 배인 자기 자랑의 본성을 보게 되었습니다. 제가 그제야 깨달은 그런 불결한 본성을 다른 사람들은 오래전부터 보아 왔겠지요. 심지어는 마음이 녹으며 하나님 앞에서 내가 아무것도 아니라고 고백하는 중에도 그렇게 고백할 수 있는 자신에 대해 얼마간 대견스러워하는 자랑의 마음이 있었음을 알게 되었습니다.

아픈 시간들이 여러 날 지나고, 저처럼 자기 자랑의 본성을 지닌 채 살아가는 여러 지체들의 얼굴이 떠올랐습니다. 한동안 주일 오후 예배 시간에 '자기 자랑'이라는 주제로 설교를 했던 것도 바로 그 때문이었습니다.

날마다 거룩한 목회 사역에 적합하지 않은 자신을 보고, 그리고 성도라 일컬음 받기에도 합당하지 않은 자신을 발견하는 요즘이기에 제게는 이 깨달음의 내용이 더욱 소중합니다. 자랑할 것은 아무것도 없는 죄인임을 새삼 절감하며 아무리 애를 써도 제 안에서 자랑거리를 발견할 수 없게 되기를 원합니다. 그래서 오직 그리스도만이 저의 유일한 자랑이 되기를 소망합니다.

저와 함께 구도의 길을 가는 순례자들에게 저의 넘어지고 일어섬을 통해 밝혀진 복음 진리가 작은 도움이라도 되길 빌면서…….

2006년 9월

그리스도의 노예 김남준

WHY DO YOU BOAST IN YOUR SELF?

거룩한 삶의 은밀한 대적 2

자기자랑

chapter 1

자기 자랑의 파괴력

"너희의 자랑하는 것이 옳지 아니하도다 적은 누룩이 온 덩어리에 퍼지는 것을 알지 못하느냐" 고전 5:6

Why do you boast in your self?

자기 자랑의 파괴력

"휴우, 간신히 이겼네"

취미 생활로 테니스를 즐기는 어떤 사람이 있었습니다. 어느 날 친구를 만났습니다.

그리고 이렇게 말하였습니다. "내가 어제, 우리 동네에 새로 이사 온 사람과 테니스를 쳤어. 그 사람 굉장히 잘 하더군. 자기 말로는 아마추어라고 하는데 분명히 예전에 프로 선수였을 거야. 높은 곳에서 내려치는 서브도 강하고 스매싱은 폭풍과 같아. 와아, 정말 굉장하더라구. 전에 살던 동네에서 3년 동안 아무도 그를 이기지 못했대. 나도 세상에 태어나서 그렇게 잘 치는 사람은 본 적이 없어. 휴우, 간신히 이겼네."

이야기 속 주인공이 스스로 자랑을 하려고 작정한 것 같지는 않습니다. 단지 사실을 말하면서 아주 조금 자기 자랑을 곁들였을 뿐입니다.

하지만 한줌 누룩이 서 말 가루를 부풀게 하듯이 사소한 자기 자랑일지라도 그 영향력은 매우 큽니다.

'자랑'이란 무엇인가

'자랑'의 사전적 의미는 '자신을 다른 사람들 앞에서 높이려고 자신 또는 자신과 관계된 사물들을 남에게 드러내어 뽐내는 것'을 가리킵니다.

자랑에 관한 하나님의 생각을 이해하기 위해서는 성경에서 말하는 자랑의 참 뜻을 살펴볼 필요가 있습니다. 우선, 구약 성경에서 '자랑'이라는 말은 히브리어로 '티페레트'(תפארת) 라고 합니다. 이 단어는 긍정적인 의미의 자랑과 부정적인 의미의 자랑 모두를 나타냅니다.

잠언에서 자녀가 자신의 부모를 자랑스럽게 여기는 것(잠 17:6), 또는 나이 많은 사람들에게 있어서 백발이 자랑이라고 하는 것 등은 모두 긍정적인 묘사입니다(잠 16:31, 20:29).

그러나 구약 성경에서 자랑에 대해 부정적으로 묘사하는 곳도 몇 군데 있는데, 예를 들어 히스기야가 바벨론에서 사신이 왔을 때 자기의 무기고를 보여주며 자랑한 것은 하나님 앞에 매우 잘못된 행동으로 지적되었습니다(사 39:2). 결국 하나님께서는 그의 자랑을 교만으로 여기셨고, 이스라엘의 멸망을 예고하셨습니다.

신약 성경에서도 이 자랑, 즉 '카우케마'(καύχημα)는 긍정적인 측면과 부정적인 측면을 모두 보여주는 말로 나타납니다.

첫째로, 긍정적인 측면의 용례입니다. 사도 바울은 자신의 믿음의 자녀들에 대하여 이렇게 말하였습니다. "우리의 소망이나 기쁨이나 자랑의 면류관이 무엇이냐 그의 강림하실 때 우리 주 예수 앞에 너희가 아니냐"(살전 2:19). 이 때의 '자랑'은 긍정적인 의미입니다.

둘째로, 부정적인 측면의 용례도 등장합니다. 로마서 1장은 하나님께서 아예 버린 사람들이 어떻게 하나님 없이 살아가는지를 보여주는데, 하나님께 버림받은 사람들의 특징 가운데 하나가 자랑하는 것이라고 말합니다(롬 1:30).

고린도 교회와 자기 자랑

고린도전서는 사도 바울이 매우 불편한 심정으로 고린도 교회에 쓴 편지입니다. 고린도 교회에 분쟁이 일어난 것이 이 편지를 쓰게 된 중요한 이유 중 하나였습니다. 사도 바울은 고린도 교회의 타락과 부도덕한 행위에 대해 질타하면서 자랑의 문제를 거론하고 있습니다.

육신적인 것들에 대한 자랑과 영적인 것들, 즉 은사에 대한 자랑이 바로 그것이었습니다. 그들의 자랑은 교회가 사랑과 일치를 이루지 못하고 분열되는 원인이었습니다. 사도 바울이 편지 서두에서 교회가 아볼로파, 게바파, 바울파, 심지어는 예수 그리스도파로 나누어진 것을 개탄한 것도 바로 이러한 맥락에서입니다(고전 1:10-13).

고린도전서 12장에서 말하고 있는 은사는 교회로 하여금 하나님을 섬기게 하는 데 매우 소중한 것입니다. 하나님의 은혜는 교회를 참으로 교회 되게 하고, 은사는 교회로 하여금 참으로 교회답게 일하도록 합니다.

그런데 본문에서는 하나님을 섬기게 하려고 고린도 교회 교인들에게 주신 은사가 문제를 일으키는 요인이 되고 있습니다. 은사 자체에 문제가 있는 것이 아니라 은사를 받아들이는 사람들의 인격적 미성숙과 관련이 있었는데, 이는 바로 자기 자랑 때문이었습니다.

그리고 그러한 자기 자랑의 중심에는 교만이 있었습니다.

그들은 서로 말했습니다. "방언 받았어? 난 통역을 받았는데. 그대의 은사라는 것도 내 도움 없이는 아무것도 아니지." 또 병 고치는 은사를 받은 사람은 이렇게 말했습니다. "방언이고 통역이고 간에 질병으로 그대들이 벙어리가 되었다면, 그 은사를 사용할 수 있겠어? 내 도움 없이 그대들의 은사는 아무것도 아니지."

영적 은사는 그 사람의 인격적인 성숙과는 상관없이 주어지는 하나님의 선물입니다. 자기를 자랑하고자 하는 그들의 내적인 교만과 자기 중심성은 오직 하나님의 은혜에 의하여 성화됨으로써만 변화될 수 있었습니다. 이러한 자기 자랑은 다음과 같은 점에서 복음의 정신에 위배됩니다.

자기 자랑 1 : 하나님보다 자신을 높임

첫째로, 자기 자랑은 하나님이 아니라 사람인 자신을 높이는 것입니다.

가끔 어떤 사람이 제게 누군가를 소개해 줄 때, "목사님, 이 사람이 목사님이 쓴 책을 많이 읽은 팬입니다."라고 하는 경우가 있습니다. '팬'(fan)이라는 단어는 영어의 'fanatic'의 줄임말로, '열광하는 사람' 정도의 뜻입니다. 어떤 사람이 한 대상을 향해 열광하게 될 때 그 열광하는 사람을 '팬'이라고 부릅니다. 그러면 제가 소개받고 있는 그 사람은 저에게 열광하고 있다는 말입니까?

그는 그리스도인입니다. 그는 오직 주님의 사람이고, 저는 오직 이 세상에 있는 모든 사람들이 그렇게 되기를 소망하며 주님을 섬기고 있을 뿐입니다. 저는 그런 말을 들을 때마다 거부감을 느낍니다.

인간에게는 모두 많은 사람들이 열광하는 우상이 되고 싶어하는 마음이 있습니다. 객관적으로 그렇게 될 가능성이 없는 사람들은 좀 다른 방식으로 그런 마음을 표출하는데, 그것이 바로 다른 사람을 숭배하는 것입니다.

외모나 소유, 혹은 지식, 그 무엇으로 보거나, 자신이 도저히 사람들로부터 열광적인 떠받듦을 받을 수 없다는 생각에 이르게 되면, 그들은 다른 사람의 팬이 되기를 자처합니다. 이것은 사람들 앞에서 자신을 높이려는 심리가 왜곡된 방식으로 드러난 모습입니다.

그런 의미에서 다른 사람들의 어떤 장점으로 인하여 열광하는 것은 자기 자랑의 왜곡된 표출이라고 할 수 있습니다. 일종의 자기를 자랑할 수 없는 사람들의 대리 만족 같은 것입니다.

자기 자랑의 의도는 자신이 인정받고자 하는 데 있습니다. 그리고 인정받는 것은 곧 영광을 받는 것입니다. 그래서 우리가 하나님을 인정하는 것은 곧 하나님께 영광을 돌리는 것을 의미합니다. 하나님의 하나님 되심을 자신의 온 삶과 마음으로 인정하는 것, 거기에서 하나님께서는 영광을 받으시고 하나님의 이름은 영화로워지는 것입니다.

하나님께서 모욕을 받으시는 것은 정반대입니다. 사람이 하나님을 하나님으로 인정하지 않을 때, 하나님이 계시지 않는 것처럼 행동할 때, 하나님께서는 모욕을 받으시는 것입니다. 이런 행동은 은근히 자신이 하나님을 대신하여 인정받으려는 마음의 발로입니다. 자기 자랑에 익숙한 사람들의 마음이 하나님의 영광을 위한 갈망으로 불타지 않는 것도 바로 이러한 이치 때문입니다.

성경에서 자기 자랑을 일삼는 사람들에게 격려를 주는 말씀으로 인용되는 구절이 있습니다. "자랑하는 자는 주 안에서 자랑할지니라"(고후 10:17).

그들은 '주 안에서'라는 말씀보다는 '자랑할지니라'라는 말씀에서 더욱 격려를 받습니다. 지각 있는 신자라면 누구든지 처음부터 의도를 드러내 놓고 자기를 자랑하는 경우는 많지 않습니다. 사람들의 자랑에는 '주 안에서'라는 수식어가 항상 따라붙습니다.

'저는 아무것도 한 것이 없지만', '주님께 기도했더니', '응답해 주셔서', '주의 은혜로'라는 수식어구가 양념처럼 동원되지만 궁극적으로 드러내고자 하는 것은 자기 자신입니다.

이러한 자기 자랑의 정신은 사랑의 정신과 정면으로 배치됩니다. 고린도전서 13장에서 사도 바울은 "사랑은 자랑하지 아니하며"(고전 13:4)라고 합니다. 바울이 말하는 사랑은 그리스도 예수의 구원의 은혜를 통해서 경험한 하나님의 사랑을 가리킵니다. 그 사랑은 자기를 자랑하는 대신 그리스도를 자랑하고 하나님을 높이게 합니다.

진정으로 십자가의 사랑을 경험한 사람은 은혜 베푸신 하나님과 주 예수 그리스도를 입이 닳도록 자랑하게 됩니다. 그리고 하나님과 예수 그리스도를 자랑할 때, 우리는 자신이 오직 하나님의 은혜로만 살 수 있는 존재라는 인식이 생깁니다.

그러면 '사랑은 자랑하지 아니하며'는 무슨 뜻입니까? 위대한 교부 어거스틴(Augustine of Hippo)의 고백과 같이 우리가 참으로 순전한 사랑으로 이웃을 사랑하게 될 때 우리의 마음 안에 하나님이 아니고 누가 계시겠습니까? 신자가 순전한 사랑으로 하나님을 사랑할 때, 하나님 안에 자기의 존재가 포함되어 있고 그분과 관계되어 있는 것으로 충분하다고 생각하므로 특별히 사람들에게 인정받고자 하는 욕구가 없어집니다.

여러분이 하나님의 사랑을 깊이 경험하고 있었을 때를 한번 생각해 보십시오. 그 때 사람들에게 인정받는 것에 관심이 있었습니까? 오직 하나님으로만 만족을 누리지 않았습니까? 그런데 자기를 자랑하게 되면 사람들은 하나님을 바라보지 않고 자랑하는 그 사람을 주목하게 됩니다.

자기 자랑이 성공하면 기껏 해봐야 자기의 팬이 생겨나게 됩니다. 그러나 더 많은 경우에 그러한 자랑을 듣는 사람들은 그에게 경쟁 의식을 느끼거나 그 사람처럼 되지 못하는 것을 인하여 좌절을 느끼게 되는데, 어느 경우도 그들을 그리스도의 사람으로 세우지 못합니다.

어떤 사람이 친구를 만나 자기 자랑을 한참 동안 늘어놓았습니다. 숨쉴 틈도 없이 떠벌리다가 친구가 시들먹해지는 것을 본 그 사람은 이렇게 말했습니다. "아, 미안하네. 너무 내 얘기만 했구먼. 이제 자네 얘기 좀 들어 보세나. 요즘 어떻게 지내는지 말해 봐. 아 참, 그런데 이번에 내가 출판한 책 읽은 소감이 어때?"

여러분의 경험을 생각해 보십시오. 여러분을 만나면 밥도 사주고 선물도 챙겨 주는 어떤 사람이 있다고 칩시다. 그런데 그 사람이 마주 앉기만 하면 말할 틈도 안 주고 자기 자랑만 계속 늘어놓는 사람이라면 여러분은 그를 두 번 다시 만나고 싶지 않을 것입니다. 여러분은 그가 사주는 밥도, 챙겨 주는 선물도 모두 여러분을 진정으로 사랑해서가 아니라 자신을 과시하기 위한 투자로 받아들일 것입니다.

자기 자랑에 심취되어 계속 자기를 과시하며 인정받기를 원하는 사람과의 대화 속에서 우리는 모욕당하는 느낌을 받습니다. 그들에게서는 상대방에 대한 인간적인 관심이나 인격적인 배려 등을 찾아보기가 어렵습니다. 그래서 인간 관계가 깨지기까지 합니다. 자기 자랑을 늘어놓고 거기에 열을 올리면서 사는 사람들에게는 마음을 터놓을 진실한 친구가 없는 것도 바로 이 때문입니다. 그들에게는 추종하는 똘마니는 있을지 모르지만, 인격적으로 대등한 관계의 친구는 없습니다.

어떤 사람이 반가운 편지를 받았습니다. 예쁜 봉투에 편지지도 금박으로 장식한 것입니다. 그 사람은 편지를 보면서 감동을 받아 눈시울이 붉어졌습니다. 곁에 있는 사람들은 편지 내용이 얼마나 감동적이길래 눈시울을 붉히는 걸까 하고 생각하였습니다.

그런데 그가 편지를 다 보고 나서 이렇게 말했습니다. "도대체 이 편지지는 누가 만든 거야. 이렇게 예쁜 편지지를 만들다니. 디자인에 감동받았어." 설마 이런 사람이 있겠습니까?

하지만 우리 그리스도인의 삶에서는 이렇게 본말이 전도된 삶이 얼마든지 발생합니다. 사도 바울은 "너희는 우리로 말미암아 나타난 그리스도의 편지니"라고 말했습니다 (고후 3:3). 편지는 편지지의 디자인도 중요하고 봉투의 화려함도 의미가 없진 않지만, 거기에 기록된 내용을 전달하는 것이 주된 기능입니다. 어떤 사람이 심혈을 기울여 편지를 썼는데, 받는 사람이 그 편지의 내용은 알지도 못한 채 편지지와 봉투를 만든 회사를 칭찬하고 문구점에서 그것을 고른 사람의 안목에만 감탄한다면 그 편지의 수신자는 핵심을 잃고 있는 것입니다.

우리는 이 어두운 세상에 살면서 하나님께서 우리에게 주신 모든 것들을 사용하여 사람들에게 하나님을 기억하게 하고 우리 주 예수 그리스도가 생각나게 하도록 부름받은 사람들입니다. 그런데 우리들이 사람들의 시선을 빼앗아서 우리 자신을 주목하게 하여 그들로 하여금 열등감을 느끼게 하거나 우리를 찬미하게 만든다면, 그것은 매우 부당한 일입니다.

세례 요한이 얼마나 대단한 사람이었습니까? 예수님께서 오실 길을 사람들의 마음속에 예비한 사람이었습니다. 세례 요한에 대해 요한 사도는 이렇게 말합니다.

"하나님께로서 보내심을 받은 사람이 났으니 이름은 요한이라 저가 증거하러 왔으니 곧 빛에 대하여 증거하고 모든 사람으로 자기를 인하여 믿게 하려 함이라"(요1:6-7).

하나님께로부터 막중한 임무를 받은 세례 요한이었지만 그가 늘 자각하고 있던 사실이 있었습니다. 그는 자신이 빛이 아니고, 그

빛에 대하여 증거하러 온 자라는 것을 늘 기억하고 있었습니다. "그는 빛이 아니요 이 빛에 대하여 증거하러 온 자라"(요 1:8).

예수님께서 세례를 베푸시는 것을 본 세례 요한의 제자가 예수님의 세례를 의아하게 여겨 요한의 의견을 물었을 때, 그는 이렇게 말했습니다. "그는 흥하여야 하겠고 나는 쇠하여야 하리라"(요 3:30).

그의 삶은 사람들로 하여금 예수 그리스도를 주목하도록 만드는 손가락과 같은 삶이었습니다. 손가락으로 어떤 대상을 지시할 때, 손가락을 주목하는 사람은 없습니다. 손가락이 가리키는 곳을 주시하는 것이 상식입니다. 세례 요한의 생애가 그러했다는 말입니다. 자신을 드러내지 않고 오직 그리스도를 드러내는 삶이었습니다.

자기 자랑 2 : 그릇된 가치를 좇게 함

둘째로, 자기 자랑은 사람들로 하여금 그릇된 가치를 좇게 합니다. 오래전에 일어난 일이지만, 어렴풋이 기억나는 가슴 아픈 이야기가 있습니다. 어느 목사가 권총으로 사람을 쏴 죽이고 약 2천 만 원의 돈을 빼앗은 사건입니다. 체포된 그는 범행의 동기를 묻는 경찰에게 뜻밖의 진술을 하였습니다. "교회당 건물을 지을 돈이 필요해서 범행을 저질렀습니다."

그는 자신의 동료들과 거의 같은 시기에 교회를 개척했습니다. 그가 보기에 동료 목회자들의 교회에는 교인들이 많이 모이고 예배당도 크고 사택도 좋아 보였습니다. 동료들은 점점 성공해 가는데 자신은 그렇지 못하다고 생각하였습니다. 그는 마음이 편하지 않았습니다. 이 때 그의 신앙이 올발랐다면, 사역의 진정한 가치가 교회의 양적 성장에 달려 있지 않다는 사실을 가슴에 새기며 자신의 사명을 감당하였을 것입니다.

하나님께서 적은 무리의 성도만을 맡겨 주셨다고 할지라도 선한 목자의 심정으로 그들을 온전히 섬기는 것을 보람으로 알았더라면, 그것으로 그는 충성스러운 삶을 살 수 있었을 것입니다. 그런데 그 목사는 자신의 교회가 발전하지 못하는 것은 번듯한 예배당 건물이 없기 때문이라고 생각하였습니다.

우선적으로 돈이 필요했던 그는 오랜 동안 고심하던 끝에 기회가 오자 우발적으로 범행을 저지르게 되었습니다. 틀림없이 이런 일이 있기 전에 그 목사에게는 여러 동료들의 자기 자랑을 들으면서 비교 의식을 느끼고 좌절하고 시기하던 시간들이 있었을 것입니다.

서로 앞다투며 자신을 자랑하는 것, 또 그렇게 자랑할 만한 일이 자신에게 일어나기를 갈망하는 욕망은 다른 사람들로 하여금 이처럼 그릇된 가치를 좇게 합니다. 이것이 자기 자랑이 지닌 두 번째 해악입니다.

요즘, 거리에 나가 보면 본디 자기의 얼굴을 갖고 사는 사람을 찾아보기 힘들 정도로 성형수술이 보편화되어 있습니다. 저는 성형수술하는 것이 모두 죄라고는 생각하지 않습니다. 오히려 이해할 수 있는 부분도 있습니다. 선천적으로 기형이 있다거나 사람들에게 혐오감을 줄 정도의 외모라면 원만한 사회 생활과 정신 건강을 위해 성형수술을 할 수 있다고 생각합니다.

하지만 외모 제일주의는 잘못된 것입니다. 이것이 세상의 흐름이라면 우리는 이런 그릇된 가치관에 맞서면서 살아가야 합니다. 그리스도인들은 세상에 퍼져 있는 그릇된 가치관에 저항하고 그것을 바꾸도록 부름받았기 때문입니다.

자기 홍보(PR)로 자신의 가치를 인정받는 세태 속에서, 사람들은 허탄한 것에 집착하고 그것을 자랑하는 데 마음을 쏟고 있습니다. 그런 헛된 것에 마음이 빼앗길수록 진정한 자기의 모습도, 진실한 인간 관계도 사라져 갑니다. 우리는 그런 시대 정신의 흐름을 끊을 수 있는 그리스도인으로서, 그릇된 가치를 따라 자랑하는 세상에 맞서 싸워야 합니다.

자기 자랑 3 : 거룩한 은혜를 고갈시킴

셋째로, 자기 자랑은 우리 내면의 거룩한 은혜를 고갈시킵니다. 혹시 사람들에게 자랑을 한 후에 마음이 공허해지고 고갈되는 것을 느끼신 적이 없습니까? 왜 그런 일이 일어날까요? 그것은 자랑 안에 있는 '자기 사랑'(amor sui) 때문입니다. 자랑을 일삼는 것은 부패한 자아에 대한 사랑 때문이며, 이런 자기 사랑은 영혼의 은혜를 고갈시킵니다. 성경이 그토록 자기 부인(自己否認)을 강조한 것도 이 때문입니다.

자기를 자랑하는 행위에는 자기 안에 이미 주어진 성화의 은혜를 고갈시키는 힘이 있습니다. 이처럼 성화의 은혜가 자기 자랑에 의해 고갈되기 시작하는 것은 자기 자랑의 동기 자체가 자기 사랑이기 때문입니다. 그리고 그것은 결국 교만으로 발전하며 그 사람으로 하여금 자아의 욕구를 따라 살게 합니다.

자기 자랑이 일상화되었는데도 하나님을 향해서 열심을 품은 헌신적인 사람을 발견할 수는 있습니다. 그러나 그런 사람의 영혼 깊은 곳에서 하나님만 영광받으시기를 바라는 갈망을 찾아내는 것은 쉽지 않습니다.

하지만 하나님은 인간의 본성과 거기에서 비롯될 삶을 보실 수 있는 분입니다. 많은 사람들이 하나님을 섬겨도, 하나님께서 진정

기뻐하시는 것은 하나님만이 온전히 영광을 받으신다면 자기 자신은 사람들에게 잊혀져도 아무 상관이 없다고 생각하는 사람의 헌신입니다.

시편을 보면 여호와의 이름을 부르면서 힘을 얻는다는 고백, 여호와의 이름을 노래하면서 힘을 얻었다는 고백, 하나님의 이름을 묵상하면서 힘을 얻었다는 고백이 많이 나옵니다. 하나님을 자랑하는 자들은 자신의 존재는 잊어도 그 마음은 하나님께서 영광을 받으시길 원하는 열망으로 불타오릅니다. 그의 영혼은 하나님을 자랑하는 고백으로 힘을 얻어 놀랍도록 쇄신되기도 합니다.

우리도 시편의 기자들과 같은 경험을 갖고 있습니다. 마음이 메마른 것 같은 상태였는데 하나님을 높이는 찬송을 마음을 다해 부르고 나면 심령이 은혜로 고양됩니다. 이것이 고백 안에 깃들여 있는 영적 작용입니다.

자기 자랑 4 : 공동체를 오염시킴

넷째로, 자기 자랑은 공동체의 정신을 오염시킵니다. 교회 공동체의 혼은 예수 그리스도의 정신입니다. 자기를 버려 사람의 모양을 취하시고 죽기까지 낮아지신 겸손의 정신입니다. 그런데 교회 안에서 이러한 정신과는 거리가 먼 일들이 버젓이 일어나고 있습니다.

자기의 육신적인 것을 자랑하고 다른 지체들은 맞장구를 쳐 주는 일들이 끊임없이 일어납니다. 그 자랑의 정도는 갈수록 심해질 것이고, 심지어는 그렇게 자랑하는 자를 닮은 사람들이 교회 안에 계속 생겨날 것이 분명합니다.

신앙 공동체 안에서 이런 악순환이 지속되지 않도록 자랑하는 자를 온유함으로 가르쳐야 합니다. "그대가 자랑하는 값비싼 양복도 좋고 높은 지위도 다 좋습니다. 하지만 그것이 당신이 사는 이유가 될 수는 없습니다. 우리 인생의 참된 가치는 세상의 자랑거리에 있는 것이 아니라 하나님 자신입니다. 우리의 행복은 하나님 앞에서, 하나님을 소유하고 사는 데 있습니다."

세상에서 불붙은 가치관이 교회로 들어와 신자에게 옮겨지는 것은 옳지 않습니다. 사도 바울은 "너희의 자랑하는 것이 옳지 아니하도다 적은 누룩이 온 덩어리에 퍼지는 것을 알지 못하느냐"(고전 5:6)고 말했습니다. 자기 자랑은 개인의 문제가 아닙니다. 그것은 신앙 공동체와 사회 안에서 과도한 경쟁을 불러일으키고, 사람들의 마음에 그릇된 가치관을 심어 줍니다.

그리스도인은 자신의 삶을 통해, 교회 안에는 이 세상에서 통용되는 것과 다른 가치관이 엄연히 존재한다는 것을 다른 사람들이 목격할 수 있게 해주어야 합니다. 그리고 자기를 자랑하면서 미친 듯이 살아가는 이 세상 사람들 속에서, 참다운 가치를 찾아 살아가는 참된 만족의 삶이 무엇인지를 보여줄 수 있는 길을 걸어가는 것이 오늘날 그리스도인들이 성화의 도상에서 되찾아야 할 가치입니다.

신자는 자랑하지 않습니다

자기 자랑이 일상화되어서 살아가는 사람들 속에서는 결코 찾아볼 수 없는 흔들리지 않는 평화와 안정, 그리고 은혜를 경험하면서 살아가는 삶이 진정으로 성화의 길을 걸어가는 성도의 본분입니다. "하나님의 성령으로 봉사하며 그리스도 예수로 자랑하고 육체를 신뢰하지 아니하는 우리가 곧 할례당이라"(빌 3:3)고 했던 바울의 고백에서 그리스도인의 삶의 진정한 자랑거리를 찾으십시오.

저는 제가 속한 교회 공동체뿐만이 아니라 이 땅의 모든 그리스도인의 공동체가 육신의 자랑거리가 없어 낙심한 지체들이 오히려 위로를 얻는 곳이 되기를 바랍니다. 또, 육신의 자랑거리가 많았던 지체들은 다른 사람보다 뛰어난 자신의 조건과 많은 소유가 하나님 앞에서는 아무 자랑거리가 될 수 없음을 알고 영혼 본연의 아름다움을 회복해 가는 거룩한 성도들이 되어야겠습니다.

교회 공동체가 한 마음으로 올바른 자랑거리, 올바른 사랑거리를 위해 살아가는 삶을 가치 있게 받아들이는 가치관의 혁신이 우리 안에 일어나야 합니다. 그 때 우리의 삶이 세속화되지 않고 신령한 그리스도인으로서의 거룩한 삶의 발자취를 남길 수 있을 것입니다.

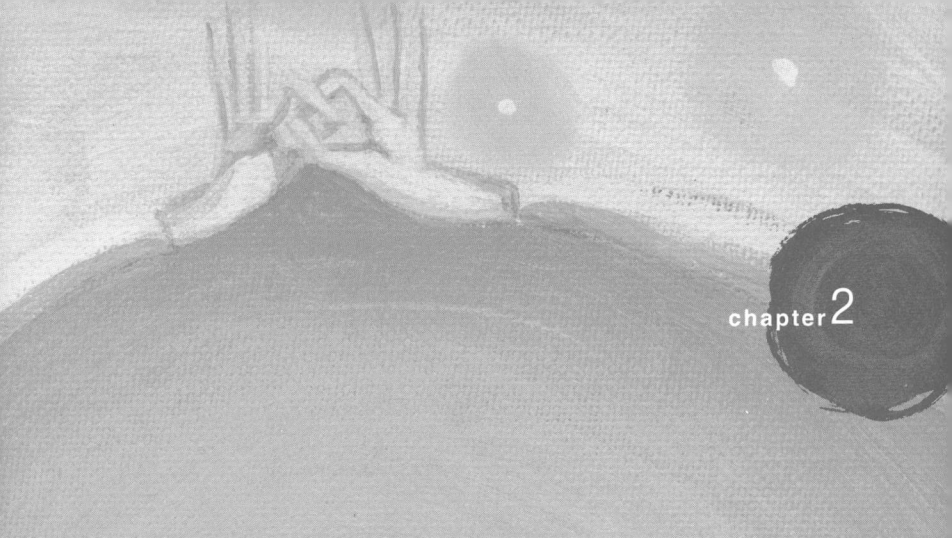

chapter 2

자기 영광을 구하는 자랑

"히스기야가 사자의 말을 듣고 자기 보물고의 금은과 향품과 보배로운 기름과 그 군기고와 내탕고의 모든 것을 다 사자에게 보였는데 무릇 왕궁과 그 나라 안에 있는 것을 저에게 보이지 아니한 것이 없으니라" 왕하 20:13

Why do you boast in your self?

자기 영광을 구하는 자랑

박수를 그치고 하늘을 보세요

'교향곡의 아버지'라 불리는 작곡가 하이든(Franz Joseph Haydn)은 『천지 창조』라는 유명한 오라토리오를 작곡했습니다. 『천지 창조』는 성경의 창세기와 존 밀턴(John Milton)의 『실락원』에 근거해서 만든 곡입니다.

이 오라토리오가 빈에서 초연될 때 하이든은 몸이 아파 공연장 뒤에 앉아서 관람할 수밖에 없었습니다. 그 날의 지휘자는 정말 놀라운 실력을 발휘하였습니다. 연주가 끝났을 때 수많은 사람들이 기립 박수를 보냈습니다. 그러나 지휘자는 청중의 박수를 중단시키고 뒷좌석에 앉아 있는 하이든을 가리키면서 이렇게 말했습니다. "저 사람입니다. 저분이 이 놀랍고 아름다운 음악을 작곡했습니다."

사람들이 다시 고개를 돌려서 하이든을 바라보며 일제히 일어나 박수를 치자, 하이든도 청중의 박수를 그치게 하고 말했습니다. "아닙니다." 그는 하늘을 가리키면서 말을 이었습니다. "나는 아무것도 아닙니다. 그분이 모든 것을 하셨습니다. 이 모든 것은 하늘로부터 온 것입니다. 주님께서 나의 연약함을 아셨기 때문에 나에게 지혜를 주셨습니다. 그분께만 영광을 돌리십시오."

그리스도인이라면 누구라도 하나님께 영광을 돌려드려야겠다는 마음을 갖고 살아갑니다. 하지만 스스로 높아지려는 욕망 때문에 하나님의 업적을 드러내야 할 시점인데도 자기를 자랑하는 과오를 저지르게 됩니다.

이스라엘 역사에 있어 중요한 두 임금도 바로 그러한 어리석음에 빠지게 되었습니다.

자랑하던 두 왕

첫 번째 왕은 히스기야입니다. 히스기야 왕은 아사 왕과 함께 기울어져 가는 유대 역사에서 신앙의 부흥을 일으키는 도구가 되었던 인물입니다. 그는 역대 이스라엘 왕 모두의 모본이 되는 왕인 다윗의 길로 행하였습니다. 다윗왕이 사람을 두려워하지 않고 하나님만을 경외하는 자였듯이 히스기야 또한 그런 왕이었습니다.

어느 날 히스기야는 심각한 질병을 얻어 하나님께로부터 사망 선고를 받았습니다. 그러나 면벽을 하고 기도드렸을 때 그는 고침을 받았고 15년이나 더 생명을 연장받게 되었습니다. 그 기적 같은 은혜에 너무 들떴던 탓일까요?

그는 문병차 방문한 바벨론의 사신들에게 왕궁의 보물과 무기들을 모두 보여주었습니다. 결국 이 사건은 유대가 바벨론에게 침공 당하고 멸망하는 계기가 됩니다. 자기 자랑에 도취되어 저지른 실수였습니다. 그는 마치 유괴범에게 엄마 아빠의 이름, 집 전화번호 등 신상 명세를 읊어 주는 어린아이처럼, 어리석은 자랑을 하기 시작했습니다.

두 번째 왕은 다윗입니다. 성경의 많은 인물 중 겸비하였던 사람을 꼽자면, 다윗을 빼놓을 수 없을 것입니다. 다윗의 생애에 관한 기록과 그가 지은 시편은 그가 겉과 속 모두 겸손한 사람이었음을 말해 주고 있습니다. 하지만 그도 역시 몇 번의 죄의 유혹에 넘어가 하나님께로부터 큰 징계를 받은 적이 있습니다. 그 중 하나가 인구 조사를 한 사건이었습니다.(삼하 24:2, 10).

인구 조사는 나라를 효율적으로 다스리는 데 필수적인 작업입니다. 침략과 정복이 끊이지 않던 시대에 인구 조사를 하는 것은 오늘날로 말하면 군대를 정비하는 일과 같습니다. 첨단 무기가 없던 그 때에는 사람이 가장 중요한 무기였기 때문입니다. 그런데 그것이 어째서 죄란 말입니까?

그 조사의 목적이 문제였던 것입니다. 인구 조사는 싸움에 나갈 군인들의 수를 헤아리고 징발할 수 있는 말과 무기들을 가늠하는 것이었기 때문에, 이렇게 하는 것 자체가 정치적으로 문제가 되는 것은 아니었지만 신앙적으로는 문제가 되었습니다. 다른 사람은 몰라도 다윗의 신앙 양심은 알고 있었을 것입니다.

다윗이 일생 동안 싸움에서 승리할 수 있었던 비결은 무엇이었습니까? 군사들의 수나 말과 병기 때문이었습니까? 그렇지 않다는 것은 다윗도 너무나 잘 알고 있었습니다. 그런데 다윗의 마음속에 강성해진 나라의 국력을 헤아려 보고 싶은 마음이 생긴 것입니다. '여호와께서 함께하시니'가 그에게 일어났던 모든 승리의 이유였음에도, 나라의 강성함에 뿌듯해 하고 싶은 마음의 자리가 점점 커져 갔고, 그만큼 하나님과 더 친밀히 동행하고 싶은 마음의 소원은 작아졌습니다. 하나님의 왕국을 자기 개인의 소유로 생각했던 것입니다.

인구 조사 행위 자체로는 죄의 모습을 하고 있지 않았지만 그의 중심을 속속들이 아시는 하나님의 눈빛을 피할 수는 없었습니다. 다윗도 히스기야처럼 자기 자랑의 함정에 빠져 버렸던 것입니다.

자랑의 파괴력

신앙이 어린 사람은 교회에 와서 자기의 큰 집, 좋은 자동차, 통장에 든 돈, 성공한 자녀들을 자랑하지만 신앙의 연륜이 깊어지면 그런 것을 자랑하는 것이 부끄러운 일이라는 사실을 알게 됩니다. 이제 그들의 자랑은 그 모습과 방향이 달라집니다. 세속적인 것이 아니라 종교와 신앙에 속한 것들이 자랑거리가 됩니다. 신앙 생활의 경험이 쌓이면 기도도 좀 해봤고 말씀깨나 읽었다는 자부심이 생기면서 은근히 자신의 남다른 신앙 생활의 면모들을 드러내는 모습으로 그들의 자랑이 탈바꿈됩니다. '내가 깊이 기도했더니', 또는 '주께서 내게 말씀하시기를' 같은 말들을 자주 섞어 쓰면서, 영적인 우월감으로 다른 지체들을 밑에 두려는 방향으로 바뀌어 갑니다.

자랑이 가져다 주는 폐해는 자랑의 내용과는 관계가 없습니다. 자랑하는 내용과 관계없이 자랑하는 마음 자체가 자기의 영광을 구하는 것이기 때문입니다. 예전에는 세상에서 세상 것을 자랑했고, 지금은 교회에서 신령한 것들을 자랑하고 있지만, 그의 그릇된 자랑의 무대와 주제만 달라졌을 뿐, 그 본질은 자기 자랑입니다. 자기의 영광을 위해 자랑하는데, 그 안을 아무리 경건한 말로 채운다고 한들 하나님께서 그 묘한 뉘앙스를 읽어 내시지 못하겠습니까? 아니면 마음 중심을 꿰뚫어 보시지 못하겠습니까?

이런 의문이 드는 사람이 있을지 모르겠습니다. "샌드위치 사이에 햄 조각을 끼워 넣듯이 하나님을 높이는 사이사이에 내 자랑을 조금씩만 끼워 넣어도 되지 않겠습니까?" 하고 말입니다. 여러분은 샌드위치 사이에 들어 있는 햄이 완전히 상했는데, 그것만 골라내고 샌드위치를 맛있게 먹을 자신이 있습니까? 햄만 상하는 일은 없습니다. 이미 빵조각도 부패가 진행되고 있는 상태일 것입니다.

'하나님의 은혜로'가 항상 후렴구처럼 붙는 말들을 생각해 보십시오. 이를테면, "하나님의 은혜로 내가 좀 부자가 되었다."고 할 때 '하나님의 은혜로'라는 표현이 달리기는 하지만 사실 자랑하고 싶은 것은 하나님의 은혜가 아니라 자기 자신이라는 것을 하나님은 아십니다.

여러분은 '내가 깊이 기도해 보니까', '내가 예전에 생애적인 은혜를 받았을 때' 아니면 '내가 정말 주님의 음성을 들었는데' 하면서 한참 자기의 신앙 세계의 신령함을 자랑할 때, 사람들은 존경에 찬 눈빛으로 자기를 쳐다보았지만, 혼자 돌아가는 골목길에 마음이 허무해졌던 경험이 있을 것입니다. 주님 이야기를 해놓고도 결국은 자기를 자랑한 것이기에, 영혼은 그리도 공허해지는 것입니다.

하나님 자랑과 자기 자랑

반대로, 하나님을 자랑할 때, 우리 영혼에는 어떤 작용이 일어날까요? 하나님의 이름을 자랑할 때, 우리는 영혼 깊은 곳에서 힘이 생겨남을 느끼게 됩니다. 성경은 분명하게 이야기합니다. "그 성호를 자랑하라 무릇 여호와를 구하는 자는 마음이 즐거울지로다"(대상 16:10).

단지 성경의 기록뿐만이 아니라 우리 삶에서도 그런 증거들을 흔하게 찾아볼 수 있습니다. 저 또한 그런 경우의 증인입니다.

예전에 제가 집회를 다닐 때 일입니다. 일주일씩 지방에 내려가 설교를 하고 돌아오면 무척 피곤했습니다. 목요일 저녁 전라도에서 설교를 마치고 금요일 새벽에 열리는 경기도의 집회를 위해 올라오는 경우도 있었습니다. 그러면 밤새도록 차를 타고 달려와야 합니다. 집회를 잘 인도했든 못했든 얼마나 힘이 드는지 모릅니다. 서너 시간도 채 못 자고 먼 거리를 달려와 새벽 강단에 설 때면 정말 기운이 없습니다.

그런데 육체적으로 너무 힘겨워 '30분만 설교해야지.' 하고 생각했는데도 두 시간이 넘게 설교하는 일이 잦았습니다. 하나님의 이름을 자랑하고 그분의 이름에 관해서 말씀을 전할 때 하나님께서 제게 힘을 주셨기 때문입니다. 육신이 연약해져 힘이 없고 영혼이 쇠약해지는 듯하다가도 하나님께서 은혜를 주셔서 말씀을 전하고 나면 제 영혼에 은혜의 단비가 내리곤 하였습니다. 하나님의 이름을 자랑하는 자는 무릇 새 힘을 얻게 된다고 하는 성경의 고백이 현실화된 것입니다.

그러나 자기 자신을 자랑하는 것은 전혀 그렇지 않습니다. 여러분은 혹시 성령께서 기뻐하시지 않는 대화를 나누면서 마음이 고갈되는 것을 경험하신 적이 없습니까? 누구를 헐뜯지 않더라도 내용 없는 수다나 객담 등으로 시간을 죽이면서, 유익하지도 않은 이야기들을 말 자체를 위해 늘어놓는 가운데 마음이 건조하고 고갈되는 것을 경험해 보셨을 것입니다.

히스기야는 자기 자랑으로 국가의 위기를 초래할 치명적인 실수를 저질렀습니다. 바로 얼마 전에 하나님의 놀라운 은혜로 살아난 그가 신흥 국가 바벨론이 유대 나라와 우호적인 관계를 지키기 위해 선물을 들려 보낸 특사에게 자신의 왕궁을 두루 보여주며 은근히 자랑을 했던 것입니다. 차라리 죽게 되었다가 주님의 은혜로

15년의 생명을 연장받게 된 것을 자랑했더라면 문제가 없었을 것입니다.

한두 살 먹은 어린아이도 아니고 한 나라의 왕이 아무 생각 없이 이상하게도 그 순간만큼은 백치가 되어 다 보여주기 시작했습니다. 제일 먼저 보여준 것이 보물고였습니다. 보물고의 은과 금과 향품과 값진 기름 등을 보여주었는데, 이것은 국가의 부가 얼마나 되는지를 알려준 것입니다. 두 번째 보여준 것은 군기고였습니다. 이는 중앙에서 지방에 공급할 수 있는 무기들을 보관한 중앙 무기고를 보여준 것입니다. 다시 말하면, 군사력을 공개한 것입니다. 그 다음에는 내탕고를 보여주었습니다. 내탕고는 왕궁과 왕의 직속 부서에서 쓸 수 있는 물자를 비축해 놓은 곳입니다. 그러니 한 국가가 전쟁 등 비상시에 대처할 수 있는 물질적인 능력을 모두 보여준 것입니다.

이것은 적군에게 자기 나라의 중요한 정보를 모두 내어 준 행동이었습니다. 이렇게 어리석은 사람이 어디 있겠습니까?

현대에도 적대적인 국가 간에는 불꽃 튀는 정보 경쟁이 일어나고 있고 각국의 군사 정보는 극비로 하는 것이 상식입니다. 예전에 미국에서 폭탄을 탑재하고 초음속으로 비행해도 레이더에 잡히지 않는 스텔스 전투기를 개발했습니다. 이 전투기를 감지하기 위해서 각국에서는 비밀리에 스텔스기를 잡는 레이더를 개발하려 무진 애를 썼습니다. 그러던 중 체코슬로바키아에서 스텔스기의 은폐 기능을 무력화시킬 수 있는 레이더를 만들어 냈습니다. 이 소식이 알려지자 이라크, 유고슬라비아, 러시아 등에서 수입을 해갔고, 뒤늦게 이 사실을 알게 된 미국은 그 레이더를 긴급 입수하여 이를 더욱 개량한 레이더인 SSS(Silence Sensing System)를 개발하여 적의 침공에 대비하였다고 합니다.

이렇게 서로 견제하는 것이 국가 간의 상식인데, 히스기야의 어리석은 행동은 우리로 하여금 할말을 잃게 합니다.

자기 자랑에 끌림

히스기야는 왜 그렇게까지 모험을 무릅쓰고 자랑하고 싶었을까요? 하나님 앞에서 지혜롭게 행했던 히스기야가 갑자기 최면에라도 걸린 듯 나라의 기밀 사항을 순순히 자백하는 일이 왜 일어났겠습니까? 히스기야가 자랑을 통해 자기 영광을 구했기 때문입니다. 하나님의 영광을 구하지 않고 자기 영광을 구한다는 것은 사람들로 하여금 자기를 깊이 인정하고 칭송하게 만드는 것입니다. 자기 영광을 구한다고 해서 하나님을 보좌에서 축출하고 자기가 그 보좌에 대신 앉는 것이 아닙니다. 그것은 다른 사람들로 하여금 자랑하는 자신의 존재 가치를 인정하게 하고 떠받들도록 조장한다는 의미입니다.

자랑은 사람의 마음을 들뜨게 합니다. 자랑은 항상 진실과 정확한 사실보다는 의도되고 과장된 스토리에 가깝습니다. 히스기야는 한 나라의 왕으로서 엄청난 위험을 무릅쓴 것입니다. 그렇게까지 할 정도로 자기 자랑이 강한 매력이 있는 죄일까요?

모든 죄가 그러하지만 특별히 이 자랑의 죄는 간음죄와 아주 유사합니다. 간음죄는 거기에 마음을 집중하게 되면 오직 그것 하나가 전부인 양 마음을 집중하게 하는 힘이 있습니다. 그 덫에 걸리게 되면 사람들은 신앙의 깊이와는 상관이 없이 쉽게 넘어집니다. 청교도 존 오웬(John Owen)도 간음의 죄가 인간에게 가장 강력하고 무서운 힘을 가진 죄라고 말했습니다.

죄악이 가져올 결과는 너무나 뻔하고 그것이 드러나게 되었을 때 나타나게 될 무서운 파괴력은 어마어마합니다. 이처럼 치명적인 결과가 예상됨에도 불구하고 사람들이 그런 죄를 짓게 되는 이유는 그 죄가 가지고 있는 강한 흡입력 때문입니다.

여름밤에 날아다니는 나방을 생각해 보십시오. 불을 향해 맹렬히 날아들어 타 죽습니다. 앞서 죽은 동료의 타는 냄새에도 아랑곳하지 않고 날아듭니다. 뜨거워서 도망갔다가도 다시 돌아와 결국 그 불에 뛰어들어 죽는 것입니다. 자랑의 죄는 나방에게 있어 불빛과 같아서 강력한 힘으로 인간을 빨아들입니다.

히스기야가 자랑의 유혹을 못 이기고 자기의 보물고와 군기고, 내탕고를 모두 보여줬으니, 국가의 부력과 군사력, 전쟁이 나면 얼마나 그 전쟁을 수행해 나갈 수 있는지를 가늠하게 하는 경제적인 저력까지도 모두 한꺼번에 보여주게 된 격입니다. 이것이 후일 바벨론이 유다를 쳐들어오는 데 기초가 되는 정보가 되었습니다. 이처럼 자랑은 무서운 결과를 초래합니다.

더 큰 자랑거리

진정한 자랑거리를 소유하게 되면 자신에 관한 것은 자랑거리가 되지 않습니다. 자신의 자랑거리를 하찮게 여기고 예수 그리스도의 십자가만을 자랑했던 바울을 생각해 보십시오. 옛날에는 엄격한 유대교 집안 출신에 순수한 베냐민 지파 혈통인 것을 자랑했고, 난 지 8일 만에 할례받은 것도 자랑했고, 율법의 의로는 흠이 없고 열심히 교회를 핍박한 것도 자랑하였습니다(빌 3:5-6). 그런데 더 큰 자랑거리를 마음속에 소유하게 되니까 그런 것들은 더 이상 자랑거리가 되지 않았습니다.

우리 주 예수 그리스도를 아는 지식이 가장 고상하다는 사실을

깨닫고 나니 이제 다른 것들은 더 이상 자랑거리가 아니었습니다
(빌 3:7-8).

얼마나 많은 사람들이 대사도인 바울을 추켜 세웠겠습니까? 그 뛰어난 학문, 인품, 단호함, 열정, 논리, 말씀에 대한 깊이, 아마 천사가 왔어도 바울처럼 목회하지는 못했을 것입니다. 그를 통해 은혜 받은 사람들 사이에서는 그에 대한 찬사가 그치지 않았을 것입니다.

그러나 그는 그런 것을 자랑하는 사람이 아니었습니다. 어쩔 수 없이 자기의 사도직을 변명하기 위해서 신상에 관한 발언을 할 때에도 매우 조심스럽게, 자기의 고백이 혹시나 자랑이 되지 않을까 두려워하면서 말했던 사람이 바로 바울이었습니다 (고후 12:6, 12).

왜 그랬을까요? 사도 바울은 그 마음에 육신적인 것이 아닌 진정한 자랑거리를 가지고 있었기에 자기 자신을 자랑함으로 헛된 시간을 보내는 것이 하나님 앞에서 쓸데없는 일임을 잘 알고 있었습니다.

그는 자기가 세상에 대하여 못박혔다고 했습니다. 정과 욕심을 십자가에 못박았으니 자기 자랑도 결국은 세상의 정과 욕심에 속한 것이었다는 사실을 깊이 깨달은 것입니다 (갈 5:24, 6:14).

그리스도인의 영성은 그 사람이 무엇을 자랑하는지를 보면 알 수 있습니다. 그리고 그의 자랑을 모두 들은 사람들이 무엇을 인정

하게 되는지를 보면 알 수 있습니다. 그 사람을 인정하게 되고, 사랑하게 되고, 비교 의식을 느끼면서 좌절하게 되었다면, 그것은 그 사람이 자기 자랑을 늘어놓았기 때문일 것입니다.

사도 바울은 오히려 극도로 자기 자랑을 절제하며 산 사람이었습니다. 한번은 그리스 사람들에게 전도할 때, 그곳 사람들이 바울을 신처럼 높인 사건이 있었습니다(행 14:8-18). 바울이 한 일을 보고 그와 동행한 바나바와 그를 높이면서 쓰스와 허메라고 불렀으니, 쓰스는 그리스 신화에서 으뜸가는 신인 제우스(Zeus)를 가리키는 것이고, 허메는 역시 그리스 신화에서 웅변의 신인 헤르메스(Hermes)를 가리키는 것입니다.

그리스 사람들이 "신들이 우리 가운데 내려오셨구나!" 하며 화관을 바치고 소를 몰고 올 때 바울과 바나바는 옷을 찢으면서 통탄했습니다. 그들 자신이 인정받는 것이 옳지 않다고 생각했기 때문입니다.

이 때 바울은 "가로되 여러분이여 어찌하여 이러한 일을 하느냐 우리도 너희와 같은 성정을 가진 사람이라 너희에게 복음을 전하는 것은 이 헛된 일을 버리고 천지와 바다와 그 가운데 만유를 지으시고 살아 계신 하나님께로 돌아오라 함이라"(행 14:15)고 하며 그 유명한 연설을 했습니다. 이것이 바로 영성 깊은 그리스도인의 특징입니다.

예수 그리스도의 본을 따름

사도 바울은 자기를 전혀 자랑하지 않았습니다. 그러므로 그가 고린도 교인들에게 "사랑은 자랑하지 아니하며"(고전 13:4)라고 했을 때, 그 말이 얼마나 바울 자신의 가슴을 적시는 말씀이었을까 생각해 보십시오. 그는 사랑의 이러한 속성을 예수님을 통해 배울 수 있었습니다.

사실 예수 그리스도처럼 자랑할 것이 많은 분은 없습니다. 그분은 하나님이셨습니다. 한번 기도함으로 열두 영이 더 되는 하늘의 천사들을 이 땅에 불러 내리실 수 있는 분이셨고, 하늘과 땅의 모든 권세를 한 손에 가지신 분이셨습니다(마 28:18, 눅 10:22). 그런데 사람의 몸을 입고 이 세상에 내려오신 예수님께서 한번이라도 그분의 존재에 어울리는 인정을 받아 보신 적이 있습니까?

사람들은 예수 그리스도를 목수의 아들이라며 천시하고, 나사렛의 촌사람이라고 무시했으며, 기껏해야 선지자 중의 하나로 생각하면서 랍비라고 불렀습니다. 이 땅에 살아 계시는 동안 꼭 한번 시몬 베드로로부터 "주는 그리스도시요 살아 계신 하나님의 아들이시니이다"(마 16:16)라는 고백을 받으셨을 뿐입니다. 그 때 주님께서 얼마나 기뻐하셨습니까?(마 16:17-18)

그런데도 예수 그리스도께서는 자신이 정당하게 인정받지 못하는 것에 대해서 개의치 않으셨습니다. 하나님이신 그분이 하나님과 동등됨을 취할 것으로 여기지 아니하시고 오히려 자기를 비워 종의 형체를 가져 사람의 모양으로 사셨습니다. 그분은 생애 전체에 걸쳐서, 자기를 이 세상에 보내어 우리 같은 죄인들을 구하기까지 세상을 사랑하신 하나님 아버지를 자랑하는 생애를 사셨습니다. 예수님의 생애에는 자기 자랑으로 말미암는 고갈이 없었습니다. 때가 되자 하나님께서는 십자가에서 죽으신 그분을 다시 살리셔서 모든 만물을 그 이름 앞에 무릎 꿇게 하시고 그분을 주라 시인하게 하시고 그분을 높이셨습니다(빌 2:9-11).

사람들의 박수 갈채가 그렇게 좋습니까? 박수 갈채를 좇으며 산 인생에 남는 것이 무엇일까요? 사람들이 여러분에게 이 세상에서 최고로 뛰어난 성도, 하나님을 사랑하는 성도, 돈 많이 바친 성도, 주님을 위해 목숨을 걸었던 성도, 가장 많이 성화된 성도라고 인정하고 수없이 박수를 친다고 합시다. 그것이 여러분을 거룩하게 할 수 있겠습니까? 하나님께서 여러분을 옳지 못하다고 판단하시는데, 여러분의 자랑 때문에 여러분을 지지하게 된 사람들의 환호성으로 인해 하나님의 판단이 흐려질 수 있다고 생각하십니까? 결코 그렇지 않습니다.

여러분의 자랑 때문에 수많은 사람들이 치던 박수 소리는 모두 허공 중에 흩어지는 소음일 뿐입니다.

예수 그리스도께서 나귀 새끼를 타시고 예루살렘 성에 들어서시던 날에 사람들이 겉옷을 펴서 길에 깔고 종려나무 가지를 흔들며 예수님의 이름을 얼마나 높였습니까?(막 11:7-10) 예수님께서 거기에 매료되셨습니까? 매료되셨다면 십자가에 못박혀 죽으실 때 아마 그분의 가슴은 배신감으로 가득 찼을 것입니다. 그렇지만 예수 그리스도께서는 사람들의 갈채의 허무함을 아셨기에 전혀 흔들리지 않으시고 십자가로 가까이 한걸음 한걸음을 옮기셨습니다.

우리도 예수님께서 그러하셨듯이 오직 하나님을 높이는 것을 배워야 합니다. 자기로 자랑하지 말고 오직 하나님과 그리스도로 자랑해야 합니다. 사람들의 박수와 갈채보다 하나님 한분으로부터 받는 인정과 사랑 때문에 더 행복해 하는 성도가 참 신자의 길을 가는 성도입니다.

예수 그리스도에 관해서 자랑할 것이 많은 사람이 되면 자기 자랑을 통해 자기 영광을 구하지 않을 것입니다.

죽으신 구주밖에는 자랑을 말게 하소서
보혈의 공로 입어서 교만한 맘을 버리네

chapter 3

자기 자랑과 사랑의 결핍

"사랑은 오래 참고 사랑은 온유하며 투기하는 자가 되지 아니하며 사랑은 자랑하지 아니하며 교만하지 아니하며" 고전 13:4

Why do you boast in your self?

자기 자랑과 사랑의 결핍

귀하신 몸, 천하신 몸

오래전 어느 그리스도인에게서 들은 간증입니다. 그는 지금으로부터 약 20여 년 전 잘 나가던 연예인이었습니다. 모태 신앙인이었지만, 바쁘게 돌아가는 연예계에서 생활하는 동안 신앙 없이 살게 된 그는 스케줄이 비었을 때만 간신히 주일예배에 참석하는 정도로 믿음 생활을 대신했습니다.

그런데 대중의 인기를 한 몸에 받으며 승승장구하던 어느 날, 예기치 않은 사건으로 인해 인기가 급격히 떨어지기 시작했습니다. 예전에는 '귀하신 몸'으로 대접받았는데, 이제는 어느 곳에서도 예전처럼 환영해 주지 않았고, 출연을 위한 섭외도 들어오지 않았습니다. 그 때의 심경을 그는 이렇게 토로하였습니다.

"예전에 받았던 수많은 관객들의 박수 소리를 생각하면 죽어 버리고 싶은 마음에 밤마다 술로 잠이 들었습니다. 제 인생이 너무나 무의미한 것 같았습니다."

그의 고백은 그가 평소에 따랐던 가치가 무엇인지 짐작하게 합니다. 저는 그 연예인의 이야기를 들으면서 생각했습니다. '그가 느끼고 있는 결핍은 그 어떤 사적인 사랑으로도 채워질 수 없음에도, 완전한 만족을 주시는 하나님 사랑을 거부하고 다른 사람들의 인정과 사랑을 찾아 방황하고 있구나. 아! 그렇게 미련하고도 측은한 존재가 인간이구나.'

자랑은 뻐기는 것

성경은 사랑을 여러 말로 정의하면서 이렇게 말합니다. "사랑은 자랑하지 아니하며"(고전 13:4). 본문에서 '자랑하다'로 번역된 부분은 헬라어로 '페르페류오마이'(περπερεύομαι)입니다. 본뜻은 '뻐긴다'입니다. 따라서 이 구절의 정확한 번역은 '사랑은 뻐기지 아니하며'입니다.

이는 사람들에게 사실 이상의 인정을 받기 위해서 자기와 관련된 사실, 물건, 사람 등을 높이 추켜 세우는 행위를 묘사하는 단어입니다. 앞서 살펴본 대로 사람들도 뻐기는 것을 싫어하지만 하나님께서는 그 행위를 악하게 보십니다.

그럼에도 사람들은 뻐기기 대회라도 나온 양, 자기 자랑을 그치지 않습니다. 그 이유가 무엇일까요? 적극적인 측면과 소극적인 측면으로 나누어서 살펴보면 명쾌한 해답을 얻을 수 있습니다.

자랑의 심리 1 : 인정받으려는 의도

첫째로, 적극적인 측면에서 사람들이 뻐기는 이유는 그들이 사람들에게 인정을 받으려는 의도를 가지고 있기 때문입니다. 어떤 이유에서든지 인정을 받으면 기분이 좋습니다. 누구나 경험해 보셨을 것입니다. 자랑하였을 때 다른 사람들이 부러워하는 모습을 보면서 느끼는 그 우월감은 얼마나 매력적입니까?

여러분은 여성들이 성형수술을 선호하는 이유가 무엇이라 생각하십니까? 성형수술을 하고 만족스러운 결과를 얻은 여성들의 첫 느낌은 자신감이라고 합니다. 자기의 훌륭한 외모를 보고 사람들이 자기를 인정해 줄 때 만족을 느끼기에 많은 재물과 시간을 들이는 것입니다.

외모를 중시하는 사람들의 그런 자신감은 외모에 대한 자아상뿐만이 아니라 자신의 존재 자체에 대한 자아상을 높여 주기도 합니다. 자신은 의도하지 않았는데 자신의 강점으로 인해 어느 모임에 가든지 시선을 한 몸에 받고 비교 우위에 서서 상대적 우월감을 느끼는 기분은 결코 나쁘지 않을 것입니다. 오히려 행복하기까지 할 것 같습니다.

인류가 바벨탑을 쌓은 것은 두 가지 이유 때문이었습니다. 하나는 흩어짐을 면하기 위한 것이었고, 또 하나는 이름을 내기 위한 것이었습니다(창 11:4). 인간에게는 자기의 이름을 알려 인정받고 싶어하는 강한 갈망이 있습니다. 그것은 거의 종교성에 가깝습니다. 인간은 하나님의 은혜로 변화되지 않으면 자신을 높이고, 인정받으려고 하는 욕망을 떨쳐 버릴 수 없습니다.

그러면 여러분은 이렇게 반론할 것입니다. "우리 주위에는 자신을 드러내는 것을 극도로 꺼리는 사람들이 그래도 많은데……." 사실입니다. 우리 주위를 두루 살펴보면, 자기를 나타내는 것이라면 죽기보다 싫어하는 사람들도 있습니다. 이러한 태도는 겸손이 아닙니다. 본성상 수줍음을 많이 타는 사람도 있지만, 심리학적으로 자기 노출을 지나치게 꺼리는 경향은 좌절된 자기 숭배의 발로입니다. 사람들로부터 인정받는 것이 너무 깊이 좌절되었던 경험

때문에 앞으로도 좌절될 것이라는 두려움의 감정이 투영되어 자기 노출을 꺼리는 현상입니다.

많은 사람들에게 박수 갈채를 받는 스타가 되고 우상이 되려고 하는 마음은 누구에게나 있습니다. 그것이 불가능할 경우, 그 욕망이 다른 사람을 우상시하고 우상을 향해 열광하는 마음으로 바뀌는데, 지나치게 자기 노출을 꺼리는 것도 이와 비슷한 이치입니다.

자랑의 심리 2 : 사랑의 결핍

둘째로, 소극적인 측면에서 바라본 자랑의 이유는 사랑의 결핍 때문이라고 할 수 있습니다.

바울은 자랑거리가 많은 사람이었고, 회심하기 전에는 그것을 자랑하는 것을 낙으로 살아가던 사람이기도 했습니다. 순수한 베냐민 지파 혈통에서 태어났고, 난 지 8일 만에 할례받은 정통 유대교 집안 출신이었으며, 당대 최고의 석학 중 한 사람인 가말리엘의 문하에서 수학한 수재였으며, 열심으로 교회를 핍박하고 율법을 지키는 데 철저했던 이……. 지금 봐서는 별것 아닌 듯하나, 그 당시에는 대단한 타이틀이었습니다.

어느 날 바울의 자랑거리들을 무색하게 만드는 일이 일어납니다. 다메섹 도상에서 부활하신 예수 그리스도를 만난 것입니다. 예수님을 만나기 전 사울이었던 그가 바울이 되었고, 이름만 바뀐 것이 아니라 그의 삶이 통째로 변화되었습니다. 사울이었을 때 그가 갖고 있던 자랑거리들을 하나님께서 앗아가셨습니까? 아닙니다. 바울이 되었다고 신변에 변화가 온 것은 아니었습니다.

그런데 바울은 그 귀한 자랑거리들을 배설물로 여긴다고 말합니다(빌 3:8). 그에게 일어난 변화는 오직 하나, 우리 주 예수 그리스도를 만나고 그분을 알게 된 것입니다. 그는 그리스도를 통해서 하나님의 사랑이 무엇인지 눈뜨게 되었습니다. 하나님과의 관계에서 오는 행복이 얼마나 큰지 알게 되었습니다.

이전에는 자신이 아는 범위 안에서 하나님의 일을 위해 열심을 내었습니다. 그게 하나님을 섬기는 것인 줄 알았습니다. 이제는 하나님께서 진정으로 원하시는 것이 무엇인지 깨닫게 되었습니다. 그것은 '관계'였습니다. 하나님 아버지와 자녀인 자신과의 사랑의 관계 말입니다.

부모의 자식 사랑은 참으로 위대합니다. 부모는 자식을 사랑하되, 어떤 계획을 갖고 사랑합니다. 아이가 커서 의사가 되었으면 좋겠다든지, 평생 하나님의 일을 하는 사역자가 되었으면 한다든지, 그저 평범한 소시민으로 착하게 살기를 바란다든지 하는 계획들이 있습니다. 만일 이 계획이 무산되면 평범한 부모들은 어떤 반응을 보일까요? "이거 안 되겠네. 이제 널 사랑할 이유가 없단다. 너를 더 이상 사랑할 수 없다." 그럴 부모는 없습니다. 부모로서 아이들에게 베푸는 뜨겁고 간절한 사랑에 부모 나름의 계획이 포함되어 있기는 하지만, 사랑 외에 다른 것이 자녀를 사랑하는 것보다 우선시될 수는 없습니다. 사랑이 궁극적인 목적입니다.

칸트(Immanuel Kant)는 "친구를 수단으로 생각하지 말고 목적으로 여기라."고 말했습니다.

하나님의 사랑도 그 사랑 자체로 목적이 됩니다. 우리가 하나님을 사랑하는 것은 그 사랑 자체가 목적인 것입니다. 사실, 하나님께서는 우리를 사랑하심으로써 당신의 뜻을 이루어 가시지만, 그 사랑을 통해 우리를 더욱 행복하게 하신다는 점에서 하나님의 사랑도 우리를 단지 이용하시기만 하는 이기적인 사랑이 아님을 알게 됩니다.

하나님께서는 우리를 향해 분명한 계획을 갖고 계십니다. 그 계획은 반드시 성취되지만 그것으로 우리를 향한 하나님의 사랑의 유효 기간이 끝나지 않습니다. 하나님께서는 영원한 사랑 속에서 하나님의 계획을 성취해 가십니다. 이것이 그리스도 예수를 통해서 나타난 하나님의 사랑의 신비입니다.

이제 막 결혼한 선남 선녀 한 쌍이 있습니다. 여자가 알기로 남자는 좋은 대학을 나와 남부럽지 않은 직장에 다니는 엘리트였습니다. 여자는 남자가 조건도 좋고 건실한 청년 같아서 결혼을 결심하였습니다. 그런데 결혼한 직후 알고 보니 남자가 다녔다는 좋은 대학도, 지금 다니고 있다는 좋은 직장도 다 거짓이었습니다. 처음에 이 남자는 그렇게까지 속이려 한 것이 아닌데, 한번 거짓말을 하고 나니 계속 감추게 되었던 것입니다.

갓 결혼한 이 부부는 어떻게 되었을까요? 결국 이혼을 하고 말았습니다. 이들의 이혼은 서로 결혼을 결심하게 된 이유가 사랑이 아니라 조건이었음을 말해 줍니다. 사랑이 수단이 된 예입니다.

인정받으려고 안달을 내는 사람들은 어쩌면 사랑해 달라고 온몸으로 말하고 있는지도 모릅니다. 사랑해 달라는 몸짓은 사랑이 결핍되어 있다는 증거이기도 합니다. 실제로 교회나 직장 혹은 가정에서 자기를 나타내기 위해 다른 사람을 비난하고 깎아 내리는 사람들이 있습니다. 우리는 그들을 보며 저 못된 버릇을 고쳐 주겠다는 마음을 품고 공격적인 태도를 취하기도 합니다.

하지만 조금만 뒤로 물러가 그들이 왜 그러는지 생각해 보면, 그들의 영혼 깊은 곳에서 외롭다고 부르짖는 소리를 들을 수 있습니다. 그것은 바로 사랑해 달라는 것입니다. 그 소리에 귀 기울이면 그들이 비난받을 대상이 아니라 불쌍히 여겨야 할 영혼으로 보이지 않을까요?

하나님께로부터 오는 사랑의 만족, 관계의 행복이 결핍되었기에 그 결핍들을 인정으로 채워 보려는 심리가 자랑하게 하는 것입니다. 이것이 자랑의 소극적인 이유입니다. 그래서인지 누구와 관계를 맺든 관계에서 오는 기쁨을 누리지 못하는 사람들은 상처가 많고, 그런 사람들이 대부분 자기 과시에 집착하는 것을 볼 수 있습니다. 자기 과시가 엄연한 의미에서 죄로부터 비롯된 부패한 자아의 문제이기는 합니다. 그렇기는 해도 그것이 '아프기 때문이다. 상처가 많기 때문이다.' 하면서, 그들을 이해하고 긍휼히 여기는 마음을 가집시다.

자랑과 목마름

자기 자랑이 가져다 주는 행복이 강력하고 마력적이기는 하지만, 그것은 한참 더운 여름날에 퍼마신 시원한 설탕물과 같습니다. 마시는 순간에는 그것이 시원하게 갈증을 달래주는 듯합니다. 하지만 돌아서면 더욱 목마르게 하는 것이 설탕물입니다. 자기 자신을 뻐기고 자랑을 하면 사람들로부터 찬사를 받을 수 있습니다. 잠시 영광스러운 자리에 앉은 것 같은 기분이 들기도 합니다. 하지만 그것도 잠시, 이내 가슴속에 밀려오는 공허함은 자기 자랑이 달래주지 못합니다.

어떤 가수는 이렇게 고백하였습니다. 연일 계속되는 빡빡한 스케줄로 몸이 녹초가 될 때마다 가수 생활을 그만두고 싶다가도, 무대에서 팬들의 박수 갈채를 받으면 언제 그랬냐는 듯이 힘이 솟는다고 말입니다. 오로지 자기만을 향해 쏟아지는 환호성이 엄청난 에너지를 준다고 합니다. 하지만 그 가수도 관객이 모두 떠나고 난 텅 빈 객석을 마주할 때마다 공허한 마음에 울고 싶은 때가 많았다고 합니다. 에너지가 아무리 많이 충전되고 격려와 감동을 받았다 할지라도 이미 사라져 버린 관객의 환호성이 공연 후 그의 마음의 빈 자리를 메우지는 못했던 것입니다.

하나님께로부터 비롯된 것이 아닌 것들에서 느끼는 인정은 항상 내면에 깊은 공허함을 심어 놓습니다. 그 공허함을 채우기 위해 또 다른 종류의 인정을 바라고 기대하면서 다시 새로운 자기 자랑에 빠지게 됩니다. 그 과정이 반복되면서 영혼은 점점 수척해져 갑니다.

뿐만 아닙니다. 자기 자랑이 내면에 경향성으로 뿌리 내리면 반드시 열매를 맺는데, 그 열매는 교만입니다. 고린도전서 13장에서 사도 바울이 "사랑은 자랑하지 아니하며" 바로 뒤에 "교만하지 아니하며"라고 한 이유도 바로 그 때문입니다.(고전 13:4).

인간은 관계에서 오는 사랑의 결핍으로 텅 빈 마음의 자리를 인정을 기대하는 자랑으로 채우려 하고, 그 자랑으로 조금이라도 칭송을 받게 되면 즉시 교만에 빠지게 됩니다.

하나님의 사랑 앞에 진실한 마음으로 섰을 때, 겸비하지 않을 사람은 없습니다. 하나님 앞에서 우리의 실체를 보기 때문입니다. 우리는 하나님의 사랑의 위대함과 거룩함 앞에서 차마 사랑받기엔 너무 송구할 정도로 망가졌던 존재였다는 사실을 알게 됩니다. 이제 사랑을 받을 수 있는 존재가 된 것도 모두 그리스도의 십자가의 공로 때문이라는 것을 절절히 깨닫게 됩니다. 이 사실 앞에서 어찌 교만할 수 있겠습니까?

사랑의 묘약

자기 자랑은 마치 중독과 교만이라는 함정을 파놓고 우리를 기다리는 원수와 같습니다. 하지만 하나님과의 관계에서 오는 만족은 행복을 가득 안고 우리를 기다리고 있습니다. 하나님과의 관계에서 오는 진정한 행복은 갈증이 없습니다. 더군다나 그렇게 사랑해 주시는 분이 우리 주 예수 그리스도를 통해 나타나신 하나님이 아닙니까? 그 사랑으로 인한 만족은 시간, 장소, 시련, 그 어떤 것으로도 해를 입지 않습니다.

사도 바울은 말합니다. "내가 확신하노니 사망이나 생명이나 천사들이나 권세자들이나 현재 일이나 장래 일이나 능력이나 높음이나 깊음이나 다른 아무 피조물이라도 우리를 우리 주 그리스도 예수 안에 있는 하나님의 사랑에서 끊을 수 없으리라"(롬 8:38-39).

설령 자신의 연약함으로 인해 상처를 받았다 하여도 괜찮습니다. 하나님의 인격적인 사랑은 치유하는 사랑이기 때문입니다. 그 사랑은 능력이 있어 아무리 큰 상처라 할지라도 충분히 치유하고도 남습니다.

신자의 영혼을 고치실 때, 하나님께서는 다양한 방법을 사용하십니다. 징계를 통해 고치실 수도 있고, 선하신 인도를 통해 마음을 눈 녹듯 녹이실 수도 있습니다. 방법이 다양하다고는 하지만 결국 신자가 경험하는 것은 하나님의 크신 사랑입니다. 그 사랑 안에서 치유받는 것입니다.

저는 종종 의도적으로 하나님의 나라에 관해 묵상해 보곤 합니다. 새벽 기도를 마치고 조용히 교회 마당 나무 아래 앉아 하나님의 나라를 생각합니다. '아! 정말 언제쯤이면 죄와 결핍이 많은 이 세상이 변하여 하나님이 다스리시는 그 나라가 이 땅에 임할 수 있을까? 당장이라도 그럴 수만 있다면 얼마나 행복할까?' 하고 말입니다.

하나님의 나라를 묵상하는 아침이면, 저의 감각이 아픈 곳을 잠시 잊게 해주는 잠깐의 만족에 집중되어 있는 것은 아닌지 성찰해 봅니다. 그렇게 하루를 시작하는 것은 종일토록 저의 마음의 눈이, 저의 마음이 바라야 할 그분, 하나님께로 집중하도록 도와줍니다. 그분께 집중할 때, 저는 그분과의 관계만으로 충분히 만족할 수 있습니다. 우리의 마음속에 갈증을 모르는 만족이 있는데, 다른 사람들에게 자랑할 필요, 그들에게 인정받을 필요가 있겠습니까? 주님께서 주시는 완전한 만족, 그분과의 관계에서 오는 행복은 시간이 지날수록 우리의 마음을 더욱 따뜻하게 합니다.

우리의 마음에 자리 잡고 있는 자기 자랑의 욕구를 비우는 것도 중요하지만, 이처럼 하나님의 참 사랑의 풍취로 우리의 마음을 채우는 것은 더 귀합니다. 참 사랑의 맛을 알고 나면 그 사랑을 파괴하면서까지 자기를 자랑하거나 위선을 부리지 않습니다. 하나님의 사랑이 얼마나 큰지 아는 사람이 자신의 영광을 구하는 대가로 하나님과의 은밀한 사랑을 잃어버리는 어리석은 선택은 하지 않을 것이기 때문입니다.

하나님과의 참된 만남, 그 속에서 행복을 소유하는 비결을 터득하십시오. 그 만남이 구차한 자기 자랑으로 똘똘 뭉친 자아의 껍질을 깨고 하나님을 바라게 할 것입니다.

chapter 4

하나님 없는 자기 자랑

"이제 너희가 허탄한 자랑을 자랑하니 이러한 자랑은 다 악한 것이라" 약 4:16

Why do you boast in your self? ■

하나님 없는 자기 자랑

알렉산드로스의 유언

주전 4세기경 마케도니아의 왕 알렉산드로스(Alexander the Great)는 자기가 정복한 도시의 이름을 자신의 이름을 따서 알렉산드리아라고 하였습니다. 그렇게 건설한 도시가 70개나 되었습니다. 그는 유럽, 아시아, 아프리카 지역까지 점령하였으니, 전 세계를 지배하게 된 것이나 다름없었습니다.

세계의 모든 도시를 알렉산드리아로 만들고 싶다는 야망을 갖고 있던 그에게도 죽음의 때는 다가왔습니다. 주전 323년, 그는 바벨론에서 돌아와 아라비아 원정을 준비하던 중 33세의 나이로 숨을 거두고 맙니다.

그는 이런 유언을 남겼습니다. "내가 죽어 땅에 묻힐 때, 두 손은 하늘을 향하게 하라." 아프리카까지 점령하고 더 이상 정복할 땅이 없어서 바다를 바라보며 울었다던 알렉산드로스 대제가 이렇게 유언한 것은 자신도 빈손으로 돌아가는 인생임을 보여주고 싶었기 때문이었습니다.

한 장사꾼의 인생 설계

자랑에 관한 야고보의 가르침은 장사꾼의 이야기로 시작됩니다. "우리가 아무 도시든 가서 1년을 유하며 장사를 하자. 그래서 돈 좀 벌어 보자." 크게 잘못된 말도 아닌 것 같은데, 야고보는 호되게 꾸짖듯이 악하다고 말합니다.

이렇게 말하는 야고보의 의중을 살펴보도록 합시다. 그가 문제 삼고 있는 것은 장사해서 돈을 번다는 계획을 말로 내뱉은 것 자체가 아닙니다. 그는 사람들의 올바르지 못한 관심사에 대해 문제를 제기하고 있습니다. 야고보가 예로 든 이 장사꾼의 말을 자꾸 되뇌어 보십시오. 그들의 자신만만한 태도가 보이지 않습니까? 속뜻을 보자면, "우리는 장사에 도가 튼 사람들이니 어디 가든 1년 정도면 큰 돈을 벌지 않겠느냐."는 것입니다.

로마는 거대한 제국이었습니다. 치안은 엄격하게 유지되고 있었고, 도로가 잘 닦여 있어서 상업이 활발하게 이루어졌습니다. 신학자 메이첸(J. Gresham Machen)은 이렇게 말하였습니다. "로마는 길을 만들기 위해 열심을 냈고, 모든 제국은 로마로 오는 길로 통했다. 도로를 만들어 놓으면 그 위로 제일 먼저 군인들이 정복을 위해 행군해 갔고, 다음은 장사꾼이 지나갔으며, 이어 복음 전도자들이 걸어가 복음을 전했다."

야고보가 활동하던 시기는 로마 제국이 멸망하기 이전이므로, 역시 어딜 가나 상거래가 활발하게 이루어지고 있었습니다. 따라서 그 때 이 비유를 접했던 사람들은 말씀이 피부에 와 닿았을 것입니다.

본문에서 언급된 장사꾼들은 어디에 가서든 1년을 유하며 장사를 하면 떼돈을 벌 수 있을 것이라고 생각하면서 희망에 부풀었을 것이고, 그 마음을 자연스럽게 흘렸습니다. 이들은 부정한 방법으로 장사를 하겠다 한 것도 아닙니다. 단지 자신에 찬 포부를 늘어놓았을 뿐인데, 야고보가 그 일이 악하다고 책망하는 이유는 무엇일까요?

그것은 그 사람들의 계획이 적극적으로 다른 사람들에게 해를 끼치는 나쁜 의도를 포함하고 있기 때문이 아니었습니다. 인생을 계획하는 일에 있어서 기초가 잘못된 것을 지적하기 위해서였습니다.

인생을 설계하는 데에 있어서 바람직한 기초는 이런 고백을 불러옵니다. "하나님께서 나를 창조하셨다. 나는 적극적으로 하나님의 다스림을 받을 수밖에 없는 연약한 피조물이다. 내가 구원을 받은 것은 모두 그리스도의 공로 때문이다. 그러기에 난 그리스도를 의지해야만 하는 자이다." 인간의 모든 계획의 기초는, 하나님은 창조주이시고 나는 연약한 피조물이라는 인식에서부터 시작되어야 합니다. 하지만 본문에 나오는 장사꾼들은 자신이 인생의 주인인 양 행동했습니다. 자기 자신이 인생의 주도권을 쥐고 스스로를 행복하게 할 수 있다고 생각했습니다. 이것이 잘못이었습니다.

허탄한 꿈들

야고보는 장사꾼들의 계획이 모두 허탄한 것이라고 말합니다. '허탄하다' 는 것은 '의미가 없고 공허하다' 는 뜻입니다. 죄의 영향이 인간을 허탄한 것에 굴복하게 만듭니다. 죄가 들어와 올바른 궤도에 놓여 있던 인간의 생각을 이탈시킵니다. 그러면 인간의 사고는 영혼을 보호할 수 있는 정상적인 작용을 하지 못합니다. 하나님의 계획이 무엇인지 아주 몰랐던 사람처럼 어느 것이 옳은지 생각을 할 수 없습니다. 여기까지 이르면, 인간은 진정 가치 있는 것이 무엇인지 모르기에, 허탄한 것에 자신의 마음과 열정을 쏟으며 살게 됩니다.

전시(戰時)에, 적의 표적이 되는 시설물 중 하나가 무기고입니다. 때문에 군인들은 무기고를 항상 철저히 경계합니다. 만일, 이렇게 중요한 무기고를 지키는 군사가 그 자리를 이탈해서 밤새도록 전지 주변 이곳저곳을 구경이나 하고 다닌다면, 그를 경계병으로 세운 것이 그야말로 헛일이 아니겠습니까? 중요한 시설이 무방비 상태로 적에게 노출되니까 말입니다. 군사학에서는 이런 말이 있습니다. "작전에 실패한 지휘관은 용서해도, 경계에 실패한 지휘관은 용서할 수 없다."

전시에는 워낙 변수가 많고 지휘관이 오판을 했을 수도 있기 때문에 작전에는 실패할 수 있습니다. 모두 예측할 수 없는 요인이 작용한 실패이기에 어느 정도 정상을 참작할 수 있습니다. 하지만 경계에 실패한 지휘관은 용서할 수 없습니다. 철두철미하게 경계 임무에 충실했다면, 특별한 지혜가 없어도 임무를 완수할 수 있는 문제이기 때문입니다.

우리의 생각이 죄에 감염되면, 생각이 자기의 본궤도를 이탈하게 되고, 우리로 허탄한 것을 위해 헌신하도록 합니다. 오늘날 하나님을 떠난 이 세상의 많은 사람들이 하루 종일 무엇을 생각하며, 무엇에 몰두하며 살아가는지 생각해 보십시오. 지금도 마땅히 창조의 목적에 기여해야 할 정신을 허탄한 것에 몰두함으로 낭비하며 살고 있습니다. 그 덕에 이 땅에서 부유하게 살고 있는지는 몰라도, 그것은 창조주 하나님의 입장에서 보면 하나님께서 주신 자원을 안팎으로 낭비하며 사는 중대한 범죄입니다.

야고보는 장사꾼이 말한 사실에서, 보이는 사실만을 발견한 것이 아니라, 그 사실 속에 감추어진 장사꾼의 삶의 태도를 보았습니다. 자신의 삶의 시원(始原)이 어디에 있고, 무엇 때문에 그 삶이 흐르고 있는지, 앞으로 어디로 흘러가야 하는지 전혀 관심도 없이, 오로지 자신이 하던 가락으로 장사를 하여 이윤을 남겨 잘먹고 잘사는 일에 집중하려 한 의중을 파악한 것입니다.

언약 백성의 소명

이 세상에 있는 자원은 모두 하나님의 것입니다. 죄가 들어온 이후 이 세상 사람들이 잠시 그 자원을 독점하고 사는 것처럼 보이지만 그것은 분명 불법이며, 마지막 때에는 하나도 남김없이 하나님의 것이었음이 드러날 것입니다. 그렇다고 해서 세상 법정에 호소

할 수는 없습니다. 우리가 이 땅에서 할 수 있는 최선은 합법적인 방법으로 경쟁하여 하나님의 후사로서 하나님의 자원을 차지해 가는 것입니다. 그것이 바로 구속을 통해서 다시 성취되는 재창조의 명령입니다. 생육하고 번성하고 땅에 충만하라고 하신 명령을 따라 이 세상의 자원들을 되찾아야 합니다.

만일 여러분이 장사하는 사람이라면, 세상 사람들이 이윤을 취하여 창조의 목적과는 상관없는 곳에 자원을 낭비하기 전에, 재빠르게 자원을 획득해야 합니다.

그래서 창조의 목적을 위한 곳에 재분배해야 합니다. 또한 공부하는 사람이라면, 열심히 학문의 업적을 이루어서 이 세상에 기여하고, 허탄한 풍설 같은 학문의 이론을 비판하면서 하나님의 말씀의 빛을 전하고 알려야 합니다. 이러한 것들이 바로 우리의 소명의 궁극적인 지향점입니다.

원래 '성도'라는 말은 언약 언어입니다. 하나님과의 언약 관계를 나타내기 위해서 쓰인 용어입니다. 히브리말로 '성도'는 '하시드'(חסיד)인데 이는 "'헤세드'(חסד)의 은혜를 받은 사람'이라는 뜻입니다. '헤세드'는 '언약 관계에 있는 백성들에게 베푸시는 하나님의 특별한 자비'를 가리킵니다. 성도라는 말 자체에 하나님과의 언약 백성이라는 뜻이 포함되어 있는 셈입니다.

언약이 무엇입니까? 그것은 계약입니다. 계약은 그 당사자들에게 특권과 함께 의무가 부과되는 약속입니다. 하나님과의 언약을 생각할 때 역시, 하나님께서 우리에게 베풀어 주시는 특권이 있는가 하면, 그 특권에 따르는 의무도 있음을 간과해서는 안 됩니다. 이것은 언약 사상의 중요한 부분입니다. 우리가 이 세상에서 성도로서, 구별되게, 남다르게 살아야 하는 것은 하나님께서 허락해 주시는 특권에 대한 마땅한 반응입니다.

그리스도인은 자신들이 하나님의 언약 백성인 것을 자랑스럽게 여겨야 합니다. 언약을 맺음으로써 부여받은 의무를 지며 사는 것을 이 세상의 사람들과 구별되는 아주 중요한 특징으로 알아야 합니다. 신자들은 부패한 세상의 이치를 따라 살지 않고 자신들의 정체성을 지키며 살아서 자기의 시대를 개혁하도록 부름 받은 자들입니다.

오늘날의 그리스도인들은 참으로 유약해 보입니다. 교회는 마치 야전 병원처럼 상처받은 사람들로 넘쳐나고 있습니다. 오늘은 상처받고, 내일은 상심하고, 모레는 근심하고, 글피는 유혹에 빠지고, 그 글피에는 용서를 경험했다가, 다음날에는 다시 상처받고……. 우리가 주님을 위해 군사같이 산 날이 얼마나 될까요? 세상으로 돌진하며 용맹스럽게 살아야 할 하나님의 군사들이 다 야전 병원에 드러누워 있으니 세상이 변하지 않습니다. 씩씩하게 이 세상을 사는 힘은 자신이 누구인지를 아는 정확한 정체성 정립에서 나오고, 그리스도인의 정체성은 바로 이 언약 사상에서 나옵니다.

하나님의 언약 백성인 여러분! 이 세상의 자원이 세상의 이치를 따라 흘러가도록 놓아 두지 맙시다. 저들의 손에 맡겨 놓으면 이 세상은 하나님의 법을 철저히 무시하는 방향으로 도도히 움직일 것입니다.

그런데 문제는 세상 사람들보다 더 탐욕스러운 언약 백성이 있다는 사실입니다. 그들은 도덕적 정당성이 없습니다. 비윤리적입니다. 역사 의식도 없습니다. 비겁합니다. 자기 사랑으로 충만합니다. 그런 사람들은 본문에 나타난 상인들처럼 "아무 도시든 가서 1년을 유하며 장사를 하자. 그래서 돈 좀 벌어 보자." 하면서 뿌듯해 합니다. 야고보가 책망하는 것은 그들의 계획 자체가 아니었습니다. 그들이 허탄함을 좇는 존재였다는 사실이었습니다.

하나님의 언약 백성이라는 신분을 기초로 세운 계획이 아니면, 아무것도 아닙니다. 그런 무가치한 계획을 세우고 나서 사람들에게 떠벌리고 있으니, 그것이 자기 자랑이요 하나님께서 꾸짖으실 만한 죄악입니다. 무슨 계획을 세우든지 그들은 하나님의 창조의 목적과 구속의 계획에 부합하는 삶을 살 수 없습니다. 그들의 삶은 하나님의 창조의 목적과 그분을 위해 영광을 돌리는 것에서 점점 멀어질 것입니다. 자신이 중력을 벗어나 진공의 우주 공간에서 헤매는 미아처럼 된 것도 모르고, 스스로 세운 계획을 발표하고 자랑하는 모습이 얼마나 한심합니까? 게다가 그 모습을 보면서 부러워하는 사람들은 얼마나 더 불쌍한 사람들입니까?

소명과 자랑 사이에서

그리스도인의 삶의 핵심에는 하나님의 창조의 목적을 위한 소명이 있습니다. 내가 여기에 있어야 하고, 이 일을 해야 하고, 살아 있을 수밖에 없는 분명한 이유는 하나님께서 주신 소명이어야 합니다. 소명은 그리스도인이 무엇을 하든 신앙과 삶을 이어 주는 연결고리가 됩니다. 소명 때문에 신앙의 연장이 삶이 되고, 삶의 연장이 신앙이 되는 것입니다. 그 때에 비로소 그리스도인으로서 역동적인 삶을 살 수 있습니다.

우리 교회의 행정 직원들을 사석에서 만나면 항상 권면하는 말이 있습니다. "여러분이 신앙 생활을 잘 하기 위해 기도를 열심히 하고 말씀을 명민하게 깨닫기에 힘쓰고 있다면 잘 하는 일입니다. 그런데 더 잘 하려면, 가장 많은 에너지를 쏟고 시간을 들이고 헌신하는 일, 여러분에게 맡겨진 그 일이 가장 중요한 기도 제목이 되도록 해야 합니다." 그리스도인에게는 마음과 일이, 기도와 일이, 신앙과 삶이 나누어질 수 없기에 이런 충고를 합니다.

실로, 신앙은 삶의 모습으로 인해 그 진가가 드러납니다. 또한 삶은 신앙의 샘으로 흘러 들어가 더 높은 차원의 경건을 이루게 합니다. 대개 목회의 길을 가거나 영혼들을 직접 돌보는 일을 하는 사람들은 신앙에 있어 어떤 면에서는 좀더 유리한 입장에 있다고 할 수 있습니다. 영혼을 돌보는 일이기에 하나님께서 그를 더 세심하게 다루시기 때문입니다. 조금만 그의 삶이 흐트러져도 돌보는 영혼들의 상태에 안 좋은 변화가 생깁니다. 그래서 기도할 수밖에 없고 하나님을 의지할 수밖에 없는 상황으로 몰아가십니다. 그 과정을 통해 외적 헌신과 내적 기도가 일치되어 갑니다. 일 자체가 영혼을 보호하는 은혜의 수단이 되는 것입니다.

본문의 장사꾼들의 자랑은 그 자체로 심각한 죄는 아니었을지 모르나, 그들의 하나님에 대한 근본적인 태도는 교만이었습니다. 하나님은 창조주이시고 자신들은 하찮은 피조물이라는, 신앙에 있어 가장 근본적인 의식이 없었습니다. 하나님의 은혜에 기대어 살지 않으면, 지존하신 하나님 앞에 인생의 모든 계획을 올려 드리지 않으면, 살 수 없는 자신의 위치를 몰랐습니다. 그들에게는 겸비한 신앙의 고백과 태도가 절대적으로 결핍되어 있었습니다.

하나님께서 주시는 소명을 따라 평생을 살았던 사람들의 기록을 살펴보십시오. 그들에게 있는 재능과 자질 때문에 하나님께서 그들을 부르셨습니까? 그들의 원대한 꿈과 계획 때문에 그들을 지명

하셨습니까? 물론 하나님께서 소명을 주실 때는, 그들에게 있는 재능과 관련 있는 분야로 부르시거나, 부르신 자리에서 유능하게 섬길 수 있도록 은사와 능력을 부어 주셨습니다.

하나님께서는 그들의 약한 것으로 인해 하나님의 영광이 드러나기를 원하셨습니다. 그들은 하나님의 부르심과 임재 앞에서 자신이 아무것도 아님을 고백하였고, 그것과 함께 소명을 따르는 삶으로 수줍은 한 발을 내디뎠습니다. 하나님께서 계획하셨습니다. 부르셨습니다. 일하셨습니다. 그들보다 더 열심을 내셨습니다.

소명을 따르지 않는 인생의 모든 계획은 허무합니다. 아무리 치열한 삶으로 그 허무를 채우려 하여도 채워질 수 없습니다. 그 계획은 하나님 앞에서 '더럽다'는 것 외에는 다른 평가를 받지 못할 것입니다. 여러분에게 주어진 시간들을 무엇으로 채워 가고 있습니까? 치열한 삶으로 채우고 있다면 게으른 것보다는 낫다고 말씀드리고 싶습니다. 하지만 치열한 그 삶의 시작점은 어디였습니까? 소명이었습니까? 여러분 나름의 인생 계획이었습니까?

왕자로서의 모든 기득권을 포기하고 광야에서 양무리를 치는 신분이 되었던 모세를 하나님께서 부르셨을 때, 그는 이렇게 말합니다. "내가 누구관대"(출 3:11), "그들이 나를 믿지 아니하며 내 말을 듣지 아니하고"(출 4:1), "나는 본래 말에 능치 못한 자라"(출 4:10). 여러 이유를 대며 자신은 적임자가 아니라고 하나님을 설득하려 듭니다. 하나님께서 잘못 보셨다는 말 아닙니까? 모세의 말은 그야말로 설득력이 없습니다.

모세가 대단한 사람이기에, 리더십이 있어서, 언어의 연금술사이기에 하나님께서 부르신 것이 아닙니다. 그는 인생의 계획을 포기할 수밖에 없는 상황에 처했었습니다. 이제 그는 화려한 왕궁의 삶은 추억 속에 묻어 두고 양치는 목자로 소박하게 살고 있었습니다. 바람이 불면 흩어지는 광야의 모래 같은 자신의 모든 자랑을 뒤로 한 그 자리에 하나님께서 찾아오셨습니다. 하나님은 그곳에서 모세를 부르셨습니다.

그에게는 많은 장점이 있었지만 그 자신이 열거한 것과 같은 단점도 있었습니다. 단점만 내세워 하나님의 부르심의 부적절함을 확인하려 드는 모세에 대한 하나님의 처방은 무엇입니까? '내가 한다.'는 것입니다.

모세가 할 수 있는 일은 하나님께 모든 것을 맡기는 것이었습니다. 그는 스스로 무엇을 계획하고 원대한 꿈을 갖고 분주하게 움직일 필요가 없었습니다. 하나님께서 자신의 역사를 이루어 가시기에 불편함이 없는 도구가 되도록 자신의 장점도 단점도 모두 내어드리는 일이 모세가, 그리고 소명을 따라 살아야 할 우리가 할 수 있는 전부입니다.

사랑하는 여러분! 풍파 많은 이 세상, 혼자서 씩씩하게 살아가느라 얼마나 힘드십니까? 그런데 하나님께서 씩씩하게 살지 말라고 하십니다. "내가 일할 건데, 너와 함께하고 싶구나. 네가 혼자서도 잘 사는 것은 내가 진정으로 원하는 것이 아니란다. 너와 함께할 테니, 내가 이룰 테니 날 의지하렴."

하나님과 상담해 보지 않고, 하나님의 일하심을 배제하고 세운 인생의 계획을 버리십시오. 여러분의 눈에는 너무도 선해 보이는 것이더라도, 오죽하면 자랑까지 서슴지 않게 하는 것이더라도, 모든 인생을 아시고, 처음과 나중이 되시며, 영원을 하루처럼 살고 계시는 하나님께는 그리 중요한 일도, 감탄할 일도 아닙니다. 구차한 세상살이에서 좀더 배부르기 위해, 좀더 그럴싸해 보이기 위해 애쓰는 헛된 몸부림에 불과합니다.

헛된 몸부림의 일환인 인생의 계획, 더 나아가 그것을 자랑하는 행위는 어떻게 꾸미고 치장하여도 '악하다' 는 결론밖에는 나지 않습니다.

은혜의 목적

언젠가 집회에 갔을 때, 청년들이 생일을 맞은 친구 앞에 케익을 하나 놓고 촛불을 켠 채 부르는 노래가 있었습니다. '생일 축하합니다.' 라는 곡에 새 노랫말을 붙인 곡이었습니다.

왜 태어났니
왜 태어났니
얼굴도 못생긴 게
왜 태어났니

어쩌면 요즘 노랫말이 더 생일의 의미에 적합할지 모른다는 생각이 듭니다. 진정으로 그 존재의 태어남이 축복받을 일이 되기 위해서는 태어난 분명한 이유와 목적이 필요합니다.
여러분은 왜 태어나셨습니까? 이런 근본적인 문제에 대한 답이 어려우시다면 삶의 현상에 대한 질문을 하겠습니다.
우리는 오늘도 하나님의 은혜를 구합니다. 하나님께서 은혜를 주시면 무엇을 하실 건가요? 우리는 지루한 삶이, 한심한 우리의 존재가 변화되기를 갈망합니다. 어떻게 변화되고 싶으신가요? 우리는 항상 기도합니다. 이루어졌으면 하는 소원을 가지고, 그것을 제목 삼아 기도합니다. 그런데 그 소원은 왜 이루어져야 하는지요? 우리의 삶의 환경이 하나님의 은혜를 받아 변화되고, 우리가 원하는 바가 성취되면, 하나님께서 영광을 받으실까요? 그것이 하나님의 계획과 무슨 관련이 있을까요?

야고보가 꾸짖은 본문의 장사꾼들처럼 누군가 온갖 궁리를 다 동원해서 장사를 하여 도시에서 돈을 많이 벌었다고 합시다. 왜 그 도시에서 돈을 벌어야 하는지, 돈을 버는 것이 자기를 구원하신 하나님의 영원한 계획에 어떻게 부합하는지에 대한 진지한 고민 없이 진행된 그 일이 그 사람을 행복하게 할 수 있을까요? 물론 그 사람에게 일시적인 만족을 줄 수는 있겠지만, 인생의 진정한 보람을 얻게 해주지는 않을 것입니다.

정말 불쌍한 사람들은 가난하고 헐벗고 고통스럽게 사는 사람들이 아니라 자신이 왜 사는지에 대한 선명한 인식 없이 세월에 떠밀려서 사람들과의 경쟁에 휘말리는 사람들입니다. 그들은 결코 어두운 세상의 빛이 될 수 없으며, 이 캄캄한 세상에서 별같이 빛나는 신앙의 사람으로 살 수 없습니다. 더군다나 자기를 구원해서 빛 가운데로 들어가게 하신 그리스도 예수의 덕을 선전할 수 없으며, 죄와 죄의 결과로 고통하는 이 세상에서 대안이 되는 삶이 무엇인지 제시할 수 없습니다.

모두들 세상의 조류 속에 떠밀려가고 있는데, 어떤 사람은 세상의 이름을 부르며 떠내려가고 어떤 사람은 주님의 이름을 부르며 떠내려갑니다. 무슨 차이가 있습니까? 특히 젊은 청년들에게 당부합니다. 젊은 시절에 참으로 중요한 것은 왜 살아야 하나, 내가 왜 이 길을 가야 하나, 그리고 내가 들어선 이 길을 통해서 하나님께서는 어떻게 나를 구원하신 목적을 성취해 가시는가, 이 물음들에 대한 답을 반드시 찾아야 합니다.

하나님께서 세우신 자리이고, 그 자리에서 섬기는 나를 하나님께서 기쁘게 여기시고 영광받으시는데, 무엇이 두렵겠습니까? 진지하게 인생의 길을 물으십시오. 하나님께서 어찌 감추시겠습니까? 분명히 가르쳐 주십니다. 보여주시고, 깨닫게 하십니다.

하나님께서 단 한번 주신 소중한 인생을 허탄한 인생 계획을 따라 사는 데 허비하지 맙시다. 우리는 광대한 우주 안에 떠도는 먼지 알갱이만도 못한 작은 존재이지만, 하나님께서 우리를 주목하십니다. 그 인생의 계획이 창조의 목적과 구원의 목적에 일치하는지 자세하게 헤아려 보십시오.

우리 인생의 계획이 한낱 더러운 자랑거리가 되지 않도록 영원한 가치이신 하나님께 모든 것을 맡깁시다. 그래서 우리의 계획이 드러나는 것이 아니라 하나님의 영광이 드러나도록, 하나님의 영광이 우리의 자랑거리가 되도록 살아갑시다.

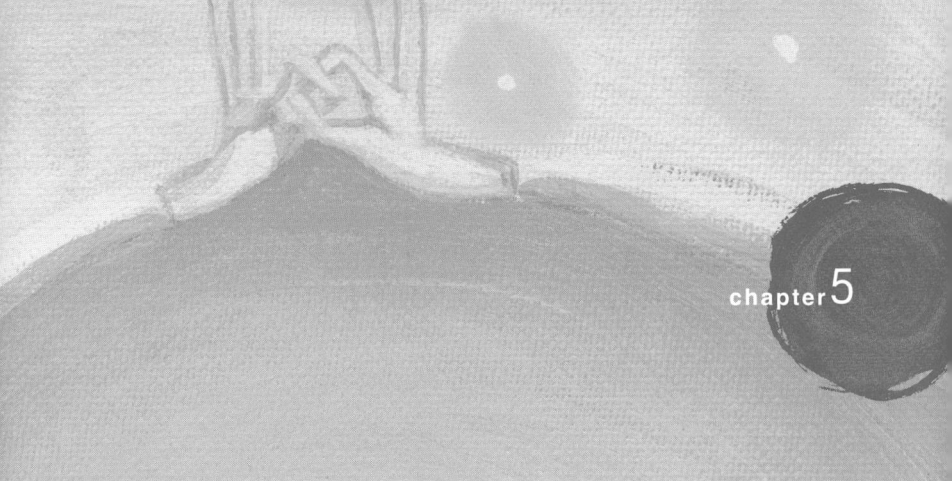

chapter 5

자기 자랑으로 얻은 추종자

"이전에 드다가 일어나 스스로 자랑하매 사람이 약 사백이나 따르더니 그가 죽임을 당하매 좇던 사람이 다 흩어져 없어졌고" 행 5:36

Why do you boast in your self?

자기 자랑으로 얻은 추종자

요란한 신장 개업

경제가 어려워서인지 장사를 시작하고 얼마 안되어 문을 닫는 가게가 많은 것 같습니다. 저희 동네에서도 개업한 지 얼마 되지 않아 곧 폐업하는 가게를 여러 곳 보았습니다.

그래서 그런지 요즘에는 사업의 시작을 알리는 소위 '개업 문화'가 예전과 사뭇 다릅니다. 조용히 가게 문을 열고 이웃들에게 떡을 돌리고, '신장 개업'이라고 써 붙이는 대신에, 이벤트 회사의 직원들을 동원하여 가게 앞에서 요란하게 춤도 추고 노래도 하며 홍보를 합니다. 행인들은 발길을 멈추고 그 광경을 지켜보기도 합니다.

 이것은 모두 새로 시작한 사업을 고객들에게 알리기 위한 홍보 활동입니다. 그리고 그렇게 자신의 사업과 다루고 있는 상품을 자랑하는 것은 사람들을 모으기 위함입니다.

 자랑은 사람들의 시선을 자기에게 집중하게 하고 그들을 규합하는 힘이 있습니다. 우리의 일상 속에서도 이 원리는 그대로 적용되어, 우리의 자랑으로 어느 정도 우리를 추종하는 자들을 얻기도 합니다.

 하지만 그들이 언제까지 우리를 추종할지, 우리가 그렇게 얻은 그들을 통하여 무슨 득을 보게 될지, 그것은 예측할 수가 없는 일입니다.

자랑하던 사람

 사도들은 성령 강림 사건 이후에 놀라운 복음의 승리를 거두었습니다. 수많은 사람들에게 복음이 전해졌고 복음이 전파되는 곳에서는 강력한 성령의 역사로 말미암는 기적과 회심이 일어났습니다.

 반면, 유대교는 차갑게 식어 있었고, 어떤 생명의 기운도 느껴지지 않았습니다.

이제 막 일어선, 나사렛 예수에 의해서 전파된 새 종교는 생생하게 살아서 영혼들을 변화시키고 끊임없이 구원의 역사를 이루고 있었습니다. 성령께서 그들과 함께하셔서, 그들은 하나님께로부터 깊이 영향을 받고 있었습니다. 누가 보아도 하나님께서 그들과 함께하시는 것은 부인할 수 없는 사실이었습니다. 그들에게 일어난 놀라운 일은 그들이 전파하는 내용이 '기쁜 소식', 복음이 되기에 충분하였습니다.

그리스도의 복음이 강성해지자 유대교에 정통한 바리새인들은 위기감을 느꼈습니다. 바리새인들을 따르던 백성들의 마음이 사도들에게로 옮겨 가고 있었기 때문입니다. 그들은 하나님의 위대하신 역사 중심에 있는 사도들을 견제하기 시작했습니다. 사도들을 없애 버리려 결단을 하고 이들을 결박하여 끌고 가, 공회 앞에 세웠습니다.

공회에 가말리엘이라는 바리새파의 훌륭한 학자가 있었습니다. 역사의 기록을 살펴보면, 당시에 가말리엘은 유명한 랍비 힐렐의 후손으로서, 샴마이파와 더불어 유대교 바리새파의 양대 거두였던 힐렐파의 지도자였습니다. 이 사람은 비록 예수님을 믿는 사람은 아니었지만 학식이 있고 인격이 고매하여 사람들에게 존경을 받았습니다.

그의 수하에 있는 자들이 사도들을 죽일 작정으로 끌고 왔을 때, 그는 사도들을 없애 버리려는 일에 이의를 제기합니다. 그는 사도들을 나가 있게 한 후 조용히 그들을 타일렀습니다.

그 때의 연설 가운데 한 대목이 사도행전 5장에 기록되었습니다 (행 5:34-39).

그는 사도들을 박해하는 것은 옳다 그르다 할 문제가 아니지만 그것보다 중요한 것은 사도들이 전파하는 사상이 어디에서 왔느냐 하는 것이라고 예리하게 지적하였습니다.

"만일 그 출처가 인간이라면 무너지겠지만, 하나님께로부터 나온 사상이라면 아무리 이들을 박해해도 소용없다. 하나님의 말씀은 설 것이기 때문이다."라고 하면서 역사 속의 인물 드다를 예로 듭니다.

"너희들도 잘 아는 드다라는 인물이 있다. 유대인 드다가 자기의 신(新) 사상을 외치며 사람들을 끌어 모았지만 그가 죽임을 당하고 나서 그를 따르는 무리들이 흩어졌으니, 그 사상은 하나님께로부터 난 것이 아니고 사람에게서 난 것임이 입증된 것이 아니냐? 결국, 사람으로부터 난 사상은 우리가 핍박하지 않아도 소멸될 것이 분명하다."고 말합니다.

성경에는 드다가 스스로 자랑하매 400인이 따랐다고 기록되어 있습니다. 드다가 무엇을 가르쳤는지 알 수 없지만 그의 가르침과 사상이 거룩하신 하나님을 사람들에게 소개하는 것이기보다는 자기를 자랑하는 것이었음은 분명합니다.

드다는 그 가르침의 기반을 자신에 대한 자랑으로 삼았던 것입니다.

추종자를 얻음

드다의 예를 통해 우리는 자기 자랑의 또 다른 모습을 보게 됩니다. 드다의 자랑을 듣고 그를 따르는 사람들이 많이 있었던 것으로 보아, 자기 자랑 안에 깔려 있는 숨은 의도가 자기를 추종하는 무리를 만들려는 것임을 알 수 있습니다.

자기 자랑이 위험한 이유가 바로 그것 때문입니다. 자기를 자랑하기를 좋아하는 자는 사람들과 대등한 교제를 하려 하지 않습니다. 그들은 자기와 교제하는 사람들을 수하에 두고 싶어하는 마음이 있습니다. 자신이 더 우등해지려 하고, 사람들에게 감화를 끼쳐 추종자를 만드려는 빗나간 계획을 품고 삽니다.

물론 우리의 관계가 늘 대등한 것은 아닙니다. 선배, 스승, 상사 등 질서상 우위에 있어야 하는 관계가 있습니다. 하지만 그 경우에도 자신의 삶에서 하나님만 드러나기를 원하는 사람들은 자기 자랑을 통해 자기를 추종하는 무리를 만들지 않습니다.

우리는 위계 질서상 좀 높은 위치에 있다고 하여도 자기를 자랑하는 대신 예수 그리스도를 자랑하고, 혹시라도 자기의 지위 때문에 추종받는 일이 일어나지 않도록 주의하여, 예수 그리스도만 영광받으시도록 해야 합니다. 이것이 자기 자랑의 죄악을 피하는 길입니다.

드다는 자랑함으로 400명의 추종자를 얻었습니다. 추종자를 만들려는 그의 지배욕이 그렇게 많은 사람들에게 악한 영향을 끼치게 한 것입니다.

자신에게 감동하는 사람, 자신을 높이고 기리는 사람, 자기를 칭찬해 주는 사람을 두고자 하는 것이 자기 자랑을 일삼는 사람들의 마음의 경향입니다. 이 경향은 예수님을 높이고, 그분을 따르고, 다른 이로 하여금 예수님을 따르게 해야 하는 신자의 의무와 양립할 수 없습니다.

그래서 예수님이 누구신지를 제대로 알고 그분을 높이는 것이 인생의 궁극적인 가치임을 깨달은 사람들은 자기 자랑의 허무함을 너무도 잘 압니다.

우리가 남들을 지도하는 위치에 있어, 진리를 가르치고 거룩한 삶의 모본을 보여주었을 때, 사람들이 존경의 시선을 보내고 따르는 것은 자연스러운 일입니다. 그런 현상이 악하다고 말할 수는 없습니다.

 문제는 자신도 모르는 사이에 자신을 위한 자랑을 늘어놓아 하나님의 제자가 아니라 자기 자신의 제자를 양산하게 된다는 점입니다. 허탄한 자기 자랑에 빠지는 동안 우리 안에서 역사하시는 하나님은 가려지고, 우리가 그 영광을 가로채 버리는 악한 결과가 온다는 것입니다.

 하나님의 사람들은 자신은 사람들에게서 잊혀지고 그리스도만 남게 되기를 원합니다.

 바울은 "내가 그리스도를 본받는 자 된 것같이 너희는 나를 본받는 자 되라"(고전 11:1)고 가르쳤습니다. 그들이 예수 그리스도를 닮아가기 위해 분투하고 있는 바울을 통해서 예수 그리스도를 닮아가고, 궁극적으로는 가르치고 있는 바울을 잊고 지금의 바울이 있도록 만들어 주신 예수 그리스도만 생각하게 되기를 원했기 때문입니다.

 일제 시대 때 신사 참배에 반대하여 험한 옥살이와 모진 고문을 당한 그리스도인들이 있었습니다. 광복이 되자 나라에서는 그들을 애국지사로 추대하고자 하였습니다. 정부에서 훈장과 상을 주어 그 공로를 치하하려 했으나 대부분의 사람들이 그 상을 거절했습니다.

 그 이유는 자신들은 나라에 충성하기 위해서가 아니라 하나님을 향한 믿음을 지키기 위해서 고난을 당한 것뿐이라고 생각했기 때문이었습니다.

만약 상을 받아야 한다면, 자신들이 아니라 주님께서 받으셔야 한다고 생각했습니다. 많은 사람들이 부러워하는 훈장과 국가 유공자의 명예, 이에 따르는 물질적인 혜택을 스스로 거절하고 진리를 지키기 위해 고난을 받았던 한 성도로 남기를 자처하였던 것입니다.

자기를 자랑하는 것은 곧 자기를 따르는 무리를 만들고 싶어하는 잠재 의식의 발로입니다. 오히려 자기는 죽고 주님을 드러내는 우리가 되어야 합니다. 이것이 교회를 운영하는 모든 일에 배어 있어야 하고 우리의 언어 생활에 배어 있어야 합니다.

특히 교회가 혹은 개인이 주님 앞에서 예배를 진행하거나 혹은 예식을 거행함에 있어서도 이 정신이 샅샅이 그 모든 순서마다 배어 있어서 사람은 감추어지고 주님이 드러나는 일이 일상화되어야 합니다.

자랑하던 자의 죽음

많은 추종자를 얻고 성공 가도를 걷던 드다였지만, 그의 추종자들도 어쩌지 못하는 것이 있었으니, 바로 그의 죽음이었습니다. 드다는 어떠한 이유인지는 몰라도 죽임을 당했습니다. 그의 죽음과 함께 그를 따르던 수많은 사람들의 뜨거운 충성심도 함께 죽어 버렸습니다.

영어 성경 NIV을 보면 드다의 자랑, 그의 죽음, 따르는 이들의 흩어짐을 함축한 한 문장이 있습니다. "It all came to nothing"(행 5:36). 그 문장 그대로 아무 일도 되지 않았습니다. 결국 드다의 사상과 자랑, 따르는 무리의 모든 열심이 하늘로부터 비롯된 것이 아님이 입증되었습니다.

반면, 자신의 나타남을 두려워하고, 오직 예수 외에는 자랑거리가 없다고 선언하던 초대 교회의 사도들과 성도들의 결말은 어떠했습니까?

수많은 사람들이 핍박의 칼날에 죽어갔고 고난의 가시밭길에서 쓰러져 유명을 달리하였으나, 그들이 전하던 복음을 따르는 사람들은 점점 불어났고, 이미 순교한 선진들의 뒤를 따라 숱한 이들이 순교의 피를 흠뻑 쏟으며 영광스러운 죽음을 맞이했습니다. 교회는 그 피를 마시고 점점 더 강대한 공동체가 되었습니다.

무슨 차이가 이처럼 전혀 다른 결말을 가져오게 했을까요? 드다는 자기를 자랑했지만, 사도들과 헌신적인 성도들은 예수를 자랑했습니다.

그리하여 예수를 전해 준 그 사람은 잊혀져도 그들을 통해 전파 받는 예수 그리스도는 잊혀지지 않는 이름이 되었습니다. 모두 고난의 피를 마시고 강력한 군대와 같은 교회가 되어 어두운 세상을 누빌 수 있었습니다.

드디가 죽자 그의 추종자들은 '다' 흩어졌지만, 사도들이 죽자 그 순교의 피를 머금고 교회는 날마다 새로워지고 강해졌습니다. 자기 자랑과 예수 자랑의 차이가 전혀 다른 결과를 가져온 것입니다.

기쁨의 비밀, 낮아짐

사람들이 나의 어떤 면에 매력을 느껴서 나를 따르고 존경하고 높여주는 것은 절대 기분 나쁜 경험이 아닙니다. 그래서 더욱 조심해야 합니다. 혹시나 자기 자랑의 결과가 주는 즐거움이 크기 때문에 그 즐거움을 포기할 수 없을 정도로 그 죄에 중독이 되고 있는 것은 아닌지 생각해 보십시오.

여러분을 스승처럼 따르는 사람들이 있습니까? 행여 그들의 존경이 분량을 넘어서고 있지는 않은지 두려운 마음으로 살피십시오. 그로 인해 저들의 영혼에 어떤 해도 미치지 않도록 근신하시기 바랍니다.

그들의 마음에 나는 잊혀지고 나를 통해 일하시는 예수 그리스도만 생각나게 하는 그런 스승이 되어야 합니다. 그리스도를 통하지 아니하고는 보이지도 않고 생각나지도 않는 신자, 이것이 그리스도인의 가장 이상적인 존재 방식입니다.

예수 그리스도의 형상을 이룰 때까지

어떤 사람이 어거스틴(Augustine of Hippo)에게 다음과 같이 질문했습니다. "수사학자로서 웅변술의 제1법칙이 무엇이라고 생각합니까?" 어거스틴은 간단명료하게 대답했습니다. "발음(發音)입니다." 더 특별한 답변을 원했던 질문자는 다시 물었습니다. "그렇다면 제2, 제3의 법칙은 무엇입니까?" "그것 역시 발음입니다."

어거스틴은 이 문답을 예로 들면서 기독교의 법칙에 관하여 다음과 같은 명료한 결론을 내렸습니다. "이와 같이 만일 누가 기독교의 법칙에 관하여 이런 식으로 각각 묻는다면 나는 언제나 '겸손'이라고 대답하겠다."

우리 주 예수 그리스도의 생애는 겸손 그 자체였습니다. 그분의 뒤를 따른 사도들의 삶의 가장 두드러진 특징도 자기 깨어짐이 있는 겸손이었습니다. 사도들은 스스로 높아지려는 마음의 부패성과 싸우며, 그들을 높이려는 추종자들을 견제하면서 겸손의 왕이신 그리스도의 뒤를 따랐습니다.

그리스도께서 십자가에 못박히신 모습은 누가 봐도 패배자의 모습이었으나, 하나님께서는 그렇게 죽기까지 낮아지신 그리스도를 모든 이름 위에 뛰어난 이름으로 높이셨고, 그분을 위해 영광스러운 보좌를 예비하셨습니다. 그리스도께서 승리하신 것입니다.

사도들은 어떠했습니까? 그들은 성경에 등장하는 인물이 되기 위해 무엇을 하지 않았습니다. 예수 그리스도께서 가신 자기 죽음의 길을 따라가며, 그분의 뜻대로 행하였을 뿐입니다.

사랑하는 여러분, 무엇을 얻기 위해, 어떤 자리에 오르기 위해 땀 흘리며 사는 삶은 목적 없이 표류하는 삶보다는 나아 보입니다. 하지만 그 인생에 끝이 있고, 그 끝과 함께 손에 움켜쥐었던 것들도 없는 것이 되어 버린다는 사실을 생각하면 그 삶이 뛰어나게 나을 것도 없다는 생각이 듭니다.

우리는 마지막 날에 하나님 앞에서 우리의 살아온 날들을 계수할 것입니다. 그 때에는 우리가 얻은 재물, 지위, 심지어 우리를 존경하며 따랐던 추종자들조차도 하나님 앞에 내세울 업적이 될 수는 없습니다.

창조주이신 하나님 앞에서 피조물로서의 자리를 지켜, 하나님의 자리를 탐하지 않는 겸손의 삶을 살았는지, 하나님께서는 그것을 달아 보실 것입니다.

  낮아집시다. 낮아지고 또 낮아져 우리 안에 예수의 형상을 이룰 때까지…….

chapter 6

아첨과 자기 자랑

"여호와께서 모든 아첨하는 입술과 자랑하는 혀를 끊으시리니" 시 12:3

Why do you boast in your self? ■

아첨과 자기 자랑

생글생글 웃으며 하는 말

중국의 고사성어 중 '교언영색'(巧言令色)이라는 말이 있습니다. 『논어』(論語)의 '학이편'(學而篇), '양화편'(陽貨篇)에서 공자가 "교언영색 선의인"(巧言令色鮮矣仁)이라고 반복해서 말했습니다. 이는 '교묘한 말과 아첨하는 얼굴을 하는 사람은 어진 이가 적다.'는 뜻입니다. 즉, 말을 그럴 듯하게 꾸며대거나 남의 비위를 잘 맞추는 사람, 남에게 잘 보이려는 사람 치고 마음씨가 착하고 진실된 사람은 적다는 뜻입니다.

이 말들은 모두 한 사람의 미성숙한 인격이 아첨이라는 부분적인 모습으로 드러나는 현상을 지적하고 있습니다. 인간관계에서도 아첨 때문에 여러 가지 불미스러운 일들이 일어나지만 신앙의 세계에서는 더욱 치명적인 결과를 낳습니다. 이번 장에서는 타인에게 아첨하는 것이 곧 자신을 속여 자신에게 아첨하는 일이 되고, 궁극적으로 모든 지식과 지혜에 풍성하신 하나님 앞에서 아첨하는 일이 되는 이치를 살펴보겠습니다.

아첨과 자랑

"여호와께서 모든 아첨하는 입술과 자랑하는 혀를 끊으시리니" (시 12:3). 본문은 시적 표현인데, 히브리 시에서 말하는 평행법이 사용된 문장입니다. '아첨하는'과 '자랑하는'이 서로 짝을 이루고, '입술'과 '혀'가 짝을 이룹니다. 이 평행구들은 모두 '끊으시리니'라는 서술어에 공통으로 걸립니다. 이 시적 표현의 의미를 굳이 파헤쳐 보자면, 아첨하는 입술과 자랑하는 혀가 모두 동일한 마음에서 비롯된 작용임을 알 수 있습니다.

첫째, 아첨과 자랑은 인정받고 싶은 욕망의 표출입니다. 사전적인 뜻을 살펴보면 '아첨'(阿諂)은 '남에게 잘 보이려고 알랑거리며 비위를 맞춤. 또는 그렇게 하는 짓'입니다. '자랑'은 '자기 또는 자기와 관계되는 것을 남에게 드러내어 뽐낼 수 있는 거리나 혹은 뻐기는 것'입니다. 언어적 의미로 보아, 아첨과 자랑의 배후에는 남에게 잘 보이고 싶은 마음이 짙게 깔려 있음을 알 수 있습니다.

둘째, 아첨과 자랑은 둘 다 속이는 것입니다. 본문의 바로 앞 절에서는 "저희가 이웃에게 각기 거짓을 말함이여 아첨하는 입술과 두 마음으로 말하는도다"(시 12:2)라고 말하고 있습니다. '거짓을 말하는 것'은 '속이는 것'에 해당하는 말입니다. 요즘 하는 말로 아첨과 자랑은 누군가에게 '뻥'을 치는 것입니다. 그렇게까지 속여서 무엇을 얻고 싶은 것입니까? 자랑은 내적인 허영을 만족시키고자 함이고, 아첨은 외적인 이속을 챙기고자 함입니다.

아첨 1 : 하나님께 대해

'아첨'은 그 대상에 따라 크게 세 가지로 나눌 수 있습니다.
첫째로, 하나님께 대한 아첨입니다. 하나님께 대한 아첨은 하나님께 잘 보이려는 행동입니다. 우리의 모든 소위를 다 아시는 하나님께 아첨한다는 것이 어폐가 있기는 하지만 어리석은 인간들은 하나님의 불꽃 같은 눈을 속이고 아첨을 하려 듭니다.

하나님의 성품에 대한 무지가, 인간을 대하듯 그분을 대하게 하는 데서 오는 잘못입니다. 인간은 두 가지 의도에서 하나님께 아첨하는데, 첫째는 하나님의 진노와 심판을 피하기 위해서 하나님 앞에 짐짓 의로워 보이는 행위를 하는 것입니다. 주일에 마음은 다른 곳에 두고 몸만 교회에 와 있는 사람들이 바로 그런 사람들입니다. 그들은 어마어마한 축복을 기대하고 나오지 않습니다. 주일에 교회에 출석하지 않으면 그 주간에 무슨 일이 일어날 것 같은 불길한 예감에 나오는 경우가 대부분입니다.

세례 요한이 세례받으러 나오는 무리에게 "독사의 자식들아"(눅 3:7)라고 하며 고함쳤던 이유도 그들이 하나님 앞에서 진실한 참회 없이 형식적인 회개 의식으로 진노를 피하고자 세례받기를 원했기 때문이었습니다. 그것 또한 하나님께 대한 아첨인 것입니다.

저는 한국 교회사 자료들을 연구하는 중에, 100년 넘은 역사를 가진, 서울에 소재했던 어느 교회의 1920년대 당회록을 보게 되었습니다. 오늘날 당회록은 회의한 결과를 적어 놓을 뿐인데, 당시의 당회록은 징계 기록으로 가득했습니다. 거기에는 이런 내용도 있었습니다. "아무개는 수시로 교회를 결석하기에 당회가 불러서 엄히 주의 경고하였으나 계속 교회를 결석하므로 출교하기로 하다." 출교는 이단자에게 내리는 추방 선언입니다. 한 사람을 출교하는 것은 그가 구원받은 하나님의 백성이 아니라는 것을 공적으로 선포하는 일입니다. 그 당회록에는 누구는 술을 먹은 사실이 밝혀져

엄히 꾸짖으니 그가 통절히 회개하므로 견책하기로 했다는 내용도 있습니다. 심지어는 딸을 믿지 않는 사람에게 시집 보냈기 때문에 그 어머니를 크게 징계한 사실도 기록되어 있습니다. 모두 교회를 올바르게 세우고 정결하게 하기 위한 선조들의 노력이었습니다. 이처럼 우리 믿음의 조상들은 불꽃 같은 하나님의 눈앞에서 모든 일에 숨기거나 속이는 것 없이 행하려 하였습니다.

둘째는 하나님께 인정과 축복을 받기 위한 아첨입니다. 하나님께 대한 진실한 사랑보다는 하나님께 잘해드리는 것으로 말미암아 얻게 될 자신의 이익 때문에 하나님께 아첨하는 것입니다. 이런 상태에 있을 때, 가장 효과적인 처방은 신앙 생활을 열심히 하는 것이 아닙니다. 자신의 참 모습이 무엇인지 면밀히 들여다보고 거짓된 모습이 있다면 인정하고 고치는 것이 더 합리적인 처방입니다. 실제로 하나님 앞에서 좋은 신자가 되고, 세상에서도 존경받는 존재가 되어야지, 그런 것처럼 보이는 것이 무슨 소용이 있겠습니까?

아첨 2 : 다른 사람에 대해

둘째로, 사람에 대한 아첨입니다. 상대방에게 받을지도 모르는 위협으로부터 자기를 보호하고 덕을 보고자 할 때 아첨하게 됩니다.

셰익스피어(William Shakespeare)의 작품 『햄릿』에 다음과 같은 대화가 나옵니다.

햄릿 : 저기 저 구름은 꼭 낙타처럼 생겼군.

폴로니어스 : 맹세코, 정말 낙타 같습니다.

햄릿 : 나는 족제비 같다고 생각하는데.

폴로니어스 : 족제비처럼 후퇴하는군요.

햄릿 : 고래 같은데?

폴로니어스 : 꼭 고래 같군요.

우스운 대화 같지만 아첨하는 자의 인격의 단면을 날카롭게 묘사하고 있는 대목입니다.

아첨은 타인에게 선대하는 것과는 전혀 다른 개념입니다. 선대하는 것은 진심을 담아 하는 행위이지만, 아첨은 진심이 없습니다.

성경에서 아첨에 기여하는 몸의 기관을 혀로 묘사한 것은 너무나 절묘하다고 할 수 있습니다. "자녀들아 우리가 말과 혀로만 사랑하지 말고 오직 행함과 진실함으로 하자"(요일 3:18). 말로만 하는 섬김이 얼마나 믿을 수 없는 것인지를 보여주는 말씀입니다. 그래서 예수님께서 비유로 말씀하셨습니다(마 21:28-31). 어느 날 한 아버지가 아들들에게 포도원에 가서 일하라고 명했습니다. 이 때 맏아들은 "예." 하고 가지 않았고, 둘째 아들은 "싫어요." 하였지만 곧 뉘우치고 가서 열심히 일했습니다. 둘 중 누가 아비의 뜻대로 하였습니까? 둘째 아들입니다. 혀로만 대답하고 정작 행하지 않는 것은 좋은 말솜씨로 간사하게 아부하는 것입니다.

아첨 3 : 자신에 대해

셋째로, 자기 자신에 대한 아첨입니다. 이것은 앞의 두 아첨과 다릅니다. 이것은 진심으로 행하는 아첨이기 때문입니다.

아첨의 대상이 하나님과 사람일 경우에는 자기를 보호하거나 분에 넘치는 유익을 얻으려는 동기로 아첨을 합니다. 그런데 그 대상이 자기일 경우, 인간은 자기 자신에게 해줄 수 있는 최선의 것을 하면서 살려고 애쓰기 때문에 달리 잘 보일 이유가 없습니다. 더 이상 잘해 줄 것이 없을 정도로 그 누구보다 자신을 위하는 것이 사람입니다. 그런데 왜 자신에게 아부를 할까요?

자기 아첨은 자신에 대한 공정성을 잃고 지나치게 자신의 편을 들어 줌으로써 마땅히 행해야 할 의무로부터 자신을 이탈시키거나 죄에 빠진 자신을 정당화하는 양태로 나타납니다. 자신에게 아첨하고 나면 양심의 가책이 현저하게 감소합니다. 그러면 마땅히 꾸중 들어야 할 행위임에도 '괜찮아. 이 정도쯤이야. 너도 어쩔 수 없었잖아?' 이렇게 반응하며 스스로 머리를 쓰다듬습니다.

이러면 잠시 마음의 평정을 찾는 것 같습니다. 하지만 그야말로 잠시뿐입니다. 마지막에 모든 것이 다 드러날 때, 자기 자신의 머리를 쓰다듬으며 위안을 받았던 사람들은 부끄럽게 하나님 앞에 설 것입니다. 하나님 앞에서는 감출 것이 없이 다 드러납니다. 양심의 가책을 아첨으로 덮어 버리고 자신이 정당한 것처럼 꾸며도, 하나님 앞에서는 있는 것은 있는 것이고 없는 것은 없는 것입니다.

낙지 신자

누구를 대상으로 하든, 아첨하는 사람은 성품이 올곧지 않습니다. 아첨의 대상이 반응하는 것에 따라 수시로 변화합니다. 마치 낙지가 접시에도 컵에도 사발에도 아무 저항 없이 담는 대로 그 용기에 담기듯이 흐느적거립니다. 낙지 같은 연체동물처럼 흐늘대는 부패한 성품을 고치지 않는 이상, 아첨하는 입술은 끊이지 않고 움직일 것입니다. 아첨하는 태도의 근원을 집요하게 파고 들어가야 합니다. 어디에서부터 몹쓸 태도가 형성되기 시작한 것인지 생각해 봅시다.

과연 여러분의 삶의 중심에 하나님이 계십니까? 여러분에게 아첨하는 삶이 이어지고 있다면 진정 인생의 중심에 하나님을 모시지 않은 탓입니다. 하나님께서 중심에 계시지 않은 뼈대 없는 '낙지 신자'는 하나님 한분만으로 만족하지 못합니다. 신자의 영혼이 하나님 이외의 다른 것에서 즐거움을 찾기 시작한다면, 그 영혼의 건강에 대해 심각하게 고민해 봐야 합니다. 하나님으로 만족할 수 없는 인간은 가는 곳마다 자기 만족을 위한 자랑을 합니다. 자랑을 하기 위해 자신의 본래 모습은 감추고, 하나님과 사람과 자신에게 아첨하는 삶을 살게 될 것입니다.

결국, 하나님과 사람, 자신 앞에서 한번도 본래의 자기 모습을 발견하지 못한 채, 어느 그릇에나 담기는 낙지처럼 살다가 생을 마감할 것입니다. 줏대도 없이 하나님을 중심에 모시지 않는 삶을 살게 하는 아첨하는 입술과 자랑하는 혀의 소행을 버리십시오.

그런 자들을 하나님께서 끊어 버리신다고 하신 말씀을 그냥 듣고 흘려서는 안 됩니다. 끊어 버리신다는 하나님의 말씀은 아첨하는 자를 향한 하나님의 심판의 선언입니다. 신자는 그러한 행위로부터 멀어질 뿐 아니라, 자신에 대하여 그리하는 자들로부터도 멀어져야 합니다. 그들의 아첨으로 인하여 마음의 눈이 어두워지기 전에……

chapter 7

신실함과 자기 자랑

"많은 사람은 각기 자기의 인자함을 자랑하나니 충성된 자를 누가 만날 수 있으랴" 잠 20:6

Why do you boast in your self?

신실함과 자기 자랑

덜덜 떨던 전쟁 영웅

 다음 내용은 제가 6·25 전쟁 당시 참전했던 사람에게서 직접 들은 이야기입니다.
 어느 날 저녁, 병사들이 막사에 모여서 자신들이 지난번 공산군과의 전투에서 얼마나 용감하게 싸웠는지를 서로 자랑하고 있었습니다. 그 중 한 사람이 말했습니다. "나는 총알이 비 오듯 쏟아지는 전쟁터에서 두려움 없이 적군과 싸웠지." 그러자 다른 사람이 이야기하였습니다. "공산군이 진격해 올 때 우리는 수류탄 두 개로 탱크와 맞서기도 했다네." 여러 사람이 각자 자기가 얼마나 용감한 군인인지를 자랑하던 바로 그 순간, 막사 바로 바깥에서 엄청난 폭발음이 들렸습니다.

그러나 그 중 단 한 사람도 "대체 무슨 일이야!"라고 외치며 무기를 집어 들고 뛰어나가지 않았습니다. 어떤 사람은 아예 무릎 위에 덮고 있던 모포를 뒤집어쓰고 덜덜 떨었습니다. 사실 그 폭발음은 적군의 공격이 아니라, 아군의 실수로 인해 수류탄이 터지는 소리였습니다.

자기를 자랑할 때에 스스로 심취하는 영웅심과 실제 용기가 얼마나 다른지를 단적으로 보여주는 대목이라 할 수 있습니다.

하나님의 자비

"많은 사람은 각기 자기의 인자함을 자랑하나니 충성된 자를 누가 만날 수 있으랴"(잠 20:6).

본문의 '많은 사람'은 원어로 풀면 '많은 사람이 있다.'로 해석됩니다. 그리고 '자기의 인자함'이라고 번역된 단어는 '그의 인자함'이라는 뜻입니다. 또한 여기서 '자랑한다'라고 번역된 단어는 히브리어로 '이크라'(יִקְרָא)인데, 이것은 '소리지르다'라는 뜻입니다. 이 모든 뜻을 조합하여 본문 말씀을 직역하면, '많은 사람이 각기 자기의 인자함을 소리지르니 충성된 자를 누가 만날 수 있으리오.' 정도가 됩니다.

여기에서 재미있는 단어가 바로 '인자함' 입니다. 히브리어로 '헤세드' 인데, 이 단어는 구약에서 아주 심오한 의미를 담고 있는 단어 가운데 하나입니다. 이 단어는 하나님께서 인간, 특별히 언약 백성들을 향해 베푸시는 자비로운 은총적 사랑을 가리킵니다.

본문은 많은 사람이 자기의 헤세드를 자랑한다고 말합니다. 헤세드를 자랑하는 주체가 '많은 사람' 이니까, 여기서 헤세드는 하나님의 인자하심 자체를 뜻하기보다는 하나님의 헤세드를 받은 성도가 '이웃을 향해 베푸는 은혜로운 행위' 들을 가리킵니다.

이것은 성도가 내적으로 하나님께로부터 받은 자비와 인자가 흘러넘쳐 다른 사람들에게 선을 행하고 섬기는 모습을 말하고 있는 것입니다. 많은 사람들이 자기의 인자한 행위를 큰소리로 외치는 것은 곧 자신의 선행에 대한 자랑이라고 지혜자는 말하고 있습니다.

성경에 '하시드' (חסיד)라는 피동 명사가 나오는데 그 뜻은 '성도' 입니다. 따라서 '성도' 라는 말 자체가 언약 언어입니다. 성도는 하나님의 헤세드를 일방적으로 받은 사람입니다. 이것이 언약 백성의 특징입니다.

하나님의 백성은 늘 헤세드의 사랑에 감사할 수밖에 없습니다.

이런 사랑을 받을 자격이 없음에도 그 사랑을 받아 충분히 누리고 있기 때문입니다. 그러므로 하나님의 사랑에 감사하지 않는 백성은 하나님의 은혜를 모르는 사람들입니다.

하나님의 백성의 마음속에 주님께 받은 은총적 사랑에 대한 감사가 가득 하면 하나님 앞에 인격적으로 부종(附從)하는 삶을 살 수 있습니다. 하나님의 은총적 사랑을 경험하고 그 사랑의 비밀을 간직하고 있기 때문에 하나님을 사랑하지 않을 수 없는 사람, 하나님을 사랑하기 때문에 하나님께서 자신을 향해 가지고 계신 인생의 모든 계획이야말로 가장 선한 것이라고 믿으며 그 말씀에 순종하며 사는 사람, 이 사람이 바로 헤세드를 입은 사람, 즉 성도입니다.

성도가 하나님께 순종하는 동기는 다양합니다. 처음에는 하나님께 불순종하면 혼날까봐 무서워서 순종합니다. 이런 순종도 필요하지만 순종의 충분한 동기는 아닙니다.

이보다 좀더 사악한 동기의 순종이 있는데, 그것은 하나님께로부터 원하는 것을 얻어내려고 순종하는 것입니다. 기복 신앙을 깊이 파헤치면 하나님 앞에 아첨하려는 사악한 마음이 도사리고 있습니다. 물론 기복 신앙을 가지고 있는 사람이 모두 하나님께 아첨하는 사람은 아니지만 기복 신앙 자체가 사람들을 이런 아첨으로 인도하기가 매우 쉽기에, 우리는 항상 아첨을 경계해야 합니다.

그렇다면 성경이 말하는 참된 순종의 동기는 무엇일까요? 존 오웬(John Owen)은 자신의 저작 속에서 하나님께 대한 성도의 순종의 참된 동기를 이렇게 말했습니다. "하나님께서 우리에게 주신 거룩의 계명은 결코 그 계명 안에 있는 우리를 억압하는 능력이나 권위의 효과 때문에 우리가 마땅히 복종해야 하는 것이 아니라, 오히려 그 계명이 우리에게 참으로 유익한 것이 무엇인지를 아시는 하나님의 무한하신 지혜와 선하심의 소산이라는 사실 때문에 순종하여야 한다."

참된 순종의 사람은 하나님의 계획이 가장 선하다고 믿습니다. 단번에 이해되지 않고, 살아봐야, 돌아봐야 입증되는 부분이 있긴 하지만 여태껏 하나님께서 인도해 오신 것으로 미루어 보아, 하나님의 선하심을 온전히 의지합니다. 그에게 있어 참된 순종의 동기는 바로 '하나님의 선하심'입니다.

하나님의 선하심은 하나님의 사랑, 즉 헤세드를 경험한 자만이 알 수 있습니다. 모든 성도는 하나님의 자비를 경험한 사람입니다. 그 경험이 하나님의 선하심을 신뢰하게 하며, 하나님께서 우리의 이해를 넘어서서 선한 계획을 이루어 가시는 분임을 믿게 합니다. 때문에 하나님의 헤세드를 경험한 언약 백성들은 순종하며 살 수 있습니다.

이것이 진정한 순종이며, 참된 신앙입니다.

우리는 하나님과 그분의 심판을 두려워하는 것만으로는 하나님께 순종할 수 없습니다. 두려움과 공포가 하나님께 돌아가도록 양심을 일깨우는 역할을 하기도 하지만, 그것이 복음적인 회개에 이르게 할 수는 없습니다.

복음적인 회개는 하나님의 은총적 사랑을 그리스도 예수의 십자가에서 발견하고 그 사랑의 감화를 통해 하나님 앞에 자기 죄를 회개하고 그리스도를 믿는 것입니다.

그리스도의 십자가 앞에 무릎을 꿇고 십자가의 은혜 아래 굴복하는 것, 그래서 은총적 사랑에 빚진 자임을 자각하고 그 안에서 행복해 하는 것, 영원히 약속된 은총적 사랑에 기대는 것, 은총적 사랑의 경험과 혜택 때문에 하나님의 사랑을 배반하고 얻을 수 있는 모든 좋은 것들을 거절하는 것, 그것이 주님께 속한 언약 백성의 삶입니다.

자비의 기원

앞서 설명한 대로 헤세드는 사람 안에서 저절로 솟아나는 것이 아닙니다. 헤세드는 하나님께서 부어 주시는 것입니다.

언약 백성은 하나님께 받은 헤세드에 깊이 감사하기 때문에 이웃에게 헤세드를 행하며 살 수 있습니다. 그러니 헤세드가 마치 자기 안에서 솟아난 것인 양, 자랑하는 것은 하나님을 무시하는 행위입니다.

우리 주위에는 언약 백성이 아님에도, 이웃을 향해 자비와 인자를 베푸는 사람들이 많이 있습니다. 그렇다면 언약 백성들만의 특권인 하나님의 헤세드를 경험하는 것이 이 세상의 사람들에게도 허락되었다는 말입니까? 물론 그렇지 않습니다. 헤세드를 경험할 특권은 언약 백성들에게만 있습니다.

하지만 하나님께서 선악을 분별하는 본성의 빛을 이 세상 사람들 모두에게 주셨기에, 그들이 영적 선(spiritual goodness)은 행할 수 없지만, 본성의 빛에서 비롯되는 본성적 선(natural goodness)은 행할 수 있습니다.

만약 하나님께서 그들이 본성적 선마저도 행할 수 없도록 하셨다면 이 세상은 그대로 지옥이 되었을 것입니다. 하지만 하나님께서는 이 세상을 더러움 때문에 파괴할 대상으로 여기지 않으시고 회복할 대상으로 인정하셨습니다. 그들이 본성의 빛으로 이 세상을 유지할 수 있도록 하셨습니다. 그들의 본성의 빛은 선을 행하면 양심이 격려받게 하고, 악을 행하면 고통과 번민에 사로잡히게 합니다.

얼마 전, 레이첼 카슨(Rachel Carson)의 평전이 나와서 우리의 눈길을 끌었습니다. 카슨은 미국의 해양생물학자입니다. 주요 저서로는 『우리를 둘러싼 바다』, 『침묵의 봄』 등이 있습니다. 그녀는 시인의 마음으로 과학을 연구하고 환경 문제를 깊이 고민한 사람입니다. 그녀는 살충제의 사용을 강력하게 반대하는 환경주의자였습니다. 그녀가 생전에 남긴 유명한 말이 있습니다. "공중에 날아다니는 새들도 사랑하라. 왜냐하면 그들 모두가 하나님의 손에 의해서 지은 바 된 창조 세계의 한 피조물이기 때문이다."

이러한 사상은 우리의 선조들에게서도 익히 찾아볼 수 있습니다. 초겨울이 되어 감나무의 잎이 다 떨어지고 빨간 감이 매달리면 맨 위의 네댓 개는 따지 않고 그냥 놓아 둡니다. 앙상한 감나무 가지 끝에 달린 몇 개의 감은 까치가 와서 먹게 내버려 두는 까치밥입니다.

우리 조상들은 그러한 지혜를 가지고 있었습니다. 그들은 자연을 향해 한없이 온유한 시선을 보냈고, 최대한 자연이 그대로 유지되도록 놓아 두었습니다.

하나님께서 세상을 창조하시고 이 세상의 모든 만물을 지으신 계획을 밑그림으로 그리고 그 위에 하나님의 헤세드로 색칠한 언약 백성의 그림이 아니라, 자신의 세계관이라는 밑그림을 그리고 그 위에 본성의 빛을 색으로 입혀 완성한 그림이 사람들의 선행입니다. 이 모두가 본성의 빛으로 이 세상을 유지하게 하신 하나님의 배려인 것입니다.

본문은 본성의 빛으로 선을 행하는 사람들을 대상으로 한 말이 아닙니다. 지혜자는 언약 백성들을 향해 말하고 있습니다. 언약 백성의 선행은 하나님의 헤세드에서 비롯된 것입니다. 그런데 수많은 언약 백성들이 자기의 헤세드를 자랑합니다. 자기에게서 비롯된 것이 아니니 자랑할 이유가 전혀 없는데도 말입니다. 혹, 자랑하고 싶다면 자신에게 이런 헤세드를 베풀도록 해주신 하나님의 사랑을 자랑하고 노래할 수 있을 뿐입니다.

신실한 사람은 자랑하지 않는다

본문에서 후반절은 전반절에 대해 대칭을 이루고 있습니다. "많은 사람은 각기 자기의 인자함을 자랑하나니 충성된 자를 누가 만날 수 있으랴"(잠 20:6).

여기서 '충성된 자'로 번역된 부분은 히브리어로 '에무님'(אֱמוּנִים) 입니다. 이 단어는 추상 명사인데, '아만'(אָמַן)이라는 동사에서 왔습니다. 그 '아만'이라는 동사에서 온 부사 형태가 우리들이 기도할 때 쓰는 '아멘'이라는 말의 어원입니다. 이것은 '확실히 그렇게 되기를.' 이라는 뜻입니다. '아만'은 원래 '굳게 하다', '견고하게 하다'의 뜻을 가지고 있습니다. 그러므로 '충성된'으로 번역된 말은 '신실하고 견고한' 정도의 뜻입니다.

본문 전체를 히브리 원문의 뜻을 잘 살려 번역하자면, '사람이 각각 자기의 인자함을 자랑하나니 신실하고 견고한 사람을 누가 찾을 수 있으리요.'라고 할 수 있습니다.

우리는 정확히 번역된 본문을 통해, 사람들에게 헤세드를 행하면서 그것을 스스로 자랑하는 경향을 가지고 있는 사람은 신실하고 견고한 인격을 소유할 수 없음을 알게 됩니다. 그러면 신실하고 견고한 사람은 어떤 사람입니까?

인간은 하나님이 어떤 분이신지 아는 지식에서 믿음이 자라가고, 그 믿음을 통해 하나님을 더욱 사랑하게 됩니다. 헤세드의 사랑을 베푸시는 하나님의 성품을 아는 사람이 더욱 신실한 믿음, 견고한 믿음을 소유할 수 있습니다.

그러므로 우리는 하나님께서 베풀어 주시는 은총적 사랑, 헤세드에 대한 깊은 감화 속에 살아가야 합니다. 그것이 하나님의 성품을 깊이 알아가는 길이며, 그 앎으로 하나님에 대한 신실하고도 견고한 신앙을 유지하게 됩니다.

자기를 구원하신 하나님의 사랑에 대한 깊은 감화가 없다면 그는 껍질뿐인 언약 백성입니다. 그는 하나님을 깊이 사랑할 수 없고, 하나님께로부터 받은 은총적 사랑의 위대함보다는 자신이 행하고 있는 선행을 사람들 앞에 자랑하고 싶어하는 마음을 그칠 수가 없습니다. 그 경향성 아래서 그는 외식을 배워 가게 될 것입니다.

분명한 사실 하나는 하나님 앞에 신실하여 그 믿음이 흔들리지 않는 경건함과 자기의 인자함을 자랑하는 경향은 서로 공존하기 어려운 성품이라는 점입니다. 이 사실을 생각할 때, 자기의 인자함과 선행을 자랑하는 사람들은 하나님의 신실한 언약 백성으로서 삶을 올바르게 살고 있지 못하다는 결론에 이르게 됩니다.

신실한 사람들은 하나님만 자랑합니다. 신실한 사람들은 하나님 앞에서 자기가 얼마나 아무것도 아닌지를 압니다. 아침마다 새롭고 늘 새로운 신실하신 하나님의 헤세드를 경험하기에 그렇습니다.

언약 백성이 하나님의 헤세드를 경험할 때 깨닫게 되는 사실은 자기는 그런 헤세드를 받을 자격이 없는 미천한 인간이라는 것입니다. 이런 자신의 실체를 깨달았는데, 어떻게 자기의 인자함을 자랑할 수 있을까요?

하지만 우리의 불행은 하나님 앞에서 자신의 위치를 깨닫게 해 주는 헤세드의 경험이 마를 때가 있다는 데 있습니다. 그 경험이 희미해져 가면, 하나님은 점점 작아지고 자신은 점점 커집니다. 그러면 자신의 인자를 자랑하는 일은 아주 자연스럽게 일어납니다.

언약 백성은 항상 '헤세드의 사랑을 받은 자' 라는 이름에 걸맞게 살아야 하는데, 그 삶의 중심에는 하나님의 인자하심에 대한 경험이 있어야 합니다. 그러한 경험을 통해 자신이 누구인지 올바로 알게 되고, 그 지식을 따라 하나님 앞에서 자신의 위치를 이탈하지 않게 됩니다.

하나님의 헤세드를 경험함으로 더욱 견고히 하나님을 의지하게 되는 이치는 헤세드의 경험이 자신 안에 자랑할 것이 아무것도 없다는 사실을 알게 하기 때문입니다. 그의 자랑의 소재는 이제 자신에게서 하나님께로 옮겨 갑니다. 그는 하나님의 인자 외에는 자랑할 것이 없습니다.

사도 바울은 자신이 혹시라도 자랑할 것이 있다면 자기의 약한 것을 자랑하겠다고 말했습니다. "내가 부득불 자랑할진대 나의 약한 것을 자랑하리라" (고후 11:30). 그는 자기의 약한 것을 자랑함으로써 그 자랑 속에서 자신은 잊혀지고 약한 자에게 베풀어 주시는 하나님의 헤세드를 자랑하는 일이 있었기에 그러한 결론에 도달하게 된 것입니다.

깊은 신실함이 우리의 믿음과 인격의 특징이 되기 위해서는 그 경건한 삶과 절대 양립할 수 없는 자기 자랑을 혐오해야 합니다. 그리고 자기를 자랑할 수 없게 만드는, 아침마다 새롭게 부어지는 하나님의 은총적 사랑의 경험 속에서 살아갈 때, 여러분도 모르는 사이에 여러분은 견고하고 충성스러운 사람이 되어가고 있을 것입니다. 아침마다 새롭게 발견하는 하나님의 성품을 아는 지식 안에서 변화되어 가고 있을 것입니다.

chapter 8

언약 백성의 자랑거리

"여호와께서 이같이 말씀하시되 지혜로운 자는 그 지혜를 자랑치 말라 용사는 그 용맹을 자랑치 말라 부자는 그 부함을 자랑치 말라 자랑하는 자는 이것으로 자랑할지니 곧 명철하여 나를 아는 것과 나 여호와는 인애와 공평과 정직을 땅에 행하는 자인 줄 깨닫는 것이라 나는 이 일을 기뻐하노라 여호와의 말이니라" 렘 9:23-24

Why do you boast in your self?

언약 백성의 자랑거리

세 아이의 아빠 자랑

어린아이 셋이 모여서 각자 자기 아버지를 자랑하고 있었습니다. 아버지가 의사인 아이가 말했습니다. "너 우리 아버지가 얼마나 돈을 많이 버는지 알아? 한번 치료해 주면 돈을 이만큼 벌어." 하면서 자기 두 팔을 벌렸습니다.

그러자 옆에 있던 변호사의 아들이 질세라 더 크게 팔을 벌리며 말했습니다. "우리 아버지는 더 많이 벌어. 한번 재판하면 돈이 이만큼 생긴다니까."

그 틈에 풀이 죽은 채 앉아 있는 한 아이가 있었습니다. 목사의 아들이었습니다. 그 아이는 자랑할 게 별로 없었습니다. 하지만 잠시 후 아이는 아주 좋은 생각이 났다는 듯이 눈을 깜박이며 말했습니다. "그건 아무것도 아니야. 우리 아빠가 한번 설교하면 돈 걷으러 일어나는 사람이 열 명도 넘는단 말이야."

사람이면 누구나 자기와 관련된 사람이나 사물을 자랑하려는 마음이 있습니다. 그런데 어떤 것은 자랑함으로써 마음이 은혜로부터 떠나게 되고, 어떤 것은 자랑함으로써 마음에 은혜가 깃들이게 됩니다.

하나님께서는 언약 백성에게 오직 한 가지 궁극적인 자랑의 제목을 주셨습니다. 그것은 하나님 자신입니다. 언약 백성은 하나님을 자랑할 때만 마음속에 은혜를 유지할 수 있습니다.

언약 백성에게 부탁하심

예레미야는 에스겔과 더불어 인간에 대한 탁월한 이해를 갖고 있던 선지자였습니다. 그래서인지 예레미야서와 에스겔서를 보면 인간이 누구인지에 대한 그림 같은 묘사들이 많이 발견됩니다.

예레미야 선지자는 특별히 인간에게 내재하는 많은 악들을 묘사하는 가운데, 특히 본문에서 인간이 자랑하는 것이 인간의 부패함과 깊은 관계가 있다는 사실을 밝히고 있습니다. 언약 백성은 자기를 자랑할 수 없음을 다시 한번 못박고 있습니다. 예레미야 선지자는 언약 백성이 자랑하지 말아야 할 것들을 열거하는 동시에 무엇을 자랑할 것인지를 명확하게 지적해 줍니다.

또 하나 중요하게 살펴보아야 할 것은 선지자가 '자랑하지 말라.', '자랑하라.'고 말하는 대상에 관한 것입니다. 그 대상은 이 세상에 있는 불신자들이 아니라, 하나님의 언약 백성들입니다. 이는 하나님께서 이 명령을 주시면서 자신을 '나 여호와'라고 표현하신 점을 보아 알 수 있습니다.

자랑하지 말 것 1 : 지혜

하나님께서는 언약 백성들을 상대로 자랑하지 말아야 할 세 가지 것을 말합니다. "여호와께서 이같이 말씀하시되 지혜로운 자는 그 지혜를 자랑치 말라 용사는 그 용맹을 자랑치 말라 부자는 그 부함을 자랑치 말라"(렘 9:23).

이 말씀은 우리에게 지혜나 용맹, 그리고 부 같은 것들을 도무지 얻으려고 하지 말라는 뜻이 아닙니다. 이 세 가지가 모두 중요한 가치이고 삶에 있어 반드시 필요한 것들이지만 그것이 자랑거리가 되어서는 안 된다고 말하고 있는 것입니다.

첫째로, 지혜를 자랑하지 말라고 합니다. 지혜가 없는 인생은 참으로 불행합니다. 지혜가 있으면 잘못을 금방 깨달아 자신의 삶의 그릇된 태도를 고칠 수 있을 텐데, 지혜가 없는 탓에 항상 좌충우돌하면서 겪지 않아도 되는 고난을 겪으며 인생을 낭비합니다.

세월을 아끼고 인생을 더 효율적으로 살기 위한 비결인 이 지혜는 어디서부터 비롯된 것입니까?

성경은 말합니다. "여호와를 경외하는 것이 지식의 근본이어늘 미련한 자는 지혜와 훈계를 멸시하느니라"(잠 1:7). 하나님이 어떤 분이신 줄 알고, 하나님과 자신의 좁힐 수 없는 차이를 깨달아 하나님을 마땅히 경외해야 할 분으로 아는 데서 지혜가 나온다고 성경은 말합니다. 결국 지혜는 '다아트 엘로힘'(דעת אלהים), 곧 '하나님을 아는 지식'에서 비롯됩니다.

우리들이 흔히 이야기하는 지식과 지혜는 서로 다릅니다. 지식은 개별적 사물과 사물 사이에 존재하는 작용에 대한 이해입니다. 그러나 지혜는 이 지식들 속에 있는 원리들에 대한 이해입니다. 지식이 구슬이라면, 지혜는 그 구슬들을 연결하는 실입니다. 구슬이 제각기 돌아다닌다면 가치가 없습니다. 그것을 팔찌 혹은 목걸이가 되도록 실로 꿰어 놓아야 제 구실을 하게 됩니다. 지식과 지혜는 이런 관계에 있습니다. 지식은 지혜를 촉진시키고 지혜는 지식을 온전하게 만듭니다.

지혜는 참으로 소중하고, 그렇기 때문에 인생을 사는 데 있어서 아주 중요한 가치입니다. 그런데 그 좋은 것을 자랑하지 말라고 합니다.

선지자가 '자랑하지 말라.'는 것은 인생에 있어 지혜가 필요 없는 가치이니 하찮게 여기라는 말이 아닙니다. 그것을 소유하고 있다는 사실이 문제가 아니라 자랑하는 태도가 문제였습니다.

사도 바울은 회심 이후 자신이 가졌던 여러 이점들을 오히려 해로 여기고 오직 그리스도를 아는 지식이 고상하니 그것을 좇아 살겠다고 말합니다(빌 3:8).

이 말씀을 보고 바울이 세상의 모든 지식에 대해 지식 폐기론적 태도를 가진 것은 아닐까 하고 생각하는 것은 터무니없이 극단적인 사고 방식입니다.

바울이 회심 이전에 자랑거리가 되었던 유익한 모든 것을 버린다고 고백한 것은 그런 것들이 그릇된 지식에 기초한 것이었기 때문입니다. 그 지식들이 바울의 사상 속에 그릇된 얼개를 만들어서 진리를 왜곡하고 예수 그리스도를 보지 못하게 만들었기 때문이었습니다.

그런 지식들 때문에 그는 두 가지 편견을 갖게 되었으니, 예수는 메시아일 리가 없다는 신학적 편견과 이방인은 하잘것없는 인생들이라는 심리적 편견이었습니다. 바울이 지난 날을 한탄하면서 그것들을 배설물과 같이 여긴다고 한 것은 그것들이 예수 그리스도를 보지 못하게 했기 때문이었습니다.

지금 예레미야 선지자도 같은 맥락에서 말하고 있습니다. 지혜는 꼭 필요하지만 그것을 자랑하지는 말라는 것입니다.

자랑하지 말 것 2 : 용맹

둘째로, 용맹을 자랑하지 말라고 합니다. 예나 지금이나 국가는 백성들의 생존을 보장하고, 외적의 침입으로부터 백성들을 보호해야 할 의무가 있습니다. 국가가 이런 기본적인 의무를 다하지 않을 경우 백성들은 아주 불안정한 상태에 놓이게 되며 반란이나 폭동이 일어나게 됩니다. 그러므로 한 나라를 다스리는 지도자에게는 반드시 용맹스러운 면모가 있어야 합니다.

국가뿐만이 아닙니다. 한 집안의 가장으로서 책임감 있게 살기 위해서는 가족을 보호할 수 있는 힘과 담대함이 필요합니다. 그가 누구든지 유약한 마음으로는 험한 세상을 살아갈 수 없습니다.

저는 우리 민족이 회복해야 할 중요한 덕목 가운데 하나가 용기라고 생각합니다. 일본은 36년 동안이나 우리나라를 강제로 지배하였습니다. 그렇게 긴 세월 동안 일본과 조금도 연루되지 않고 살았던 사람이 몇이나 될까요?

얼마 전 친일파 논란을 보면서도 우리에게는 너무나 용기가 부족하다는 생각을 했습니다. 일제에 협력한 많은 단체나 개인이 정직하게 자기의 잘못을 역사 앞에서 참회하지 않고 있기 때문입니다.

지난 역사를 추적해서 친일파를 찾아내는 것 못지않게 중요한 것은 그렇게 일제에 협력했던 사람들이 그 잘못을 정직하게 뉘우치는 것입니다. 신문사와 잡지사가 이전에 친일 기사를 쓰고 또 그들을 거들어서 덕을 좀 보았다면, 이제는 그런 사실을 인정하고 스스로 역사 앞에 깊이 사죄하고 앞으로는 그 부끄러운 일을 되풀이하지 않겠다고 다짐하는 일이 필요합니다. 그리고 이러한 고백에는 용기가 필요합니다.

독일은 2차 세계 대전을 일으켜 수많은 인류를 살육한 일에 대해 속죄했습니다. 지금 독일을 '나치의 후예'라고 부르는 사람들이 있습니까? 없습니다.

하지만 오늘날 일본은 '군국주의의 후예'라고 말하면 모든 사람들이 동의합니다. 그들은 자신들이 했던 일도 안 했다고 우기고, 부끄러운 역사를 은폐하려 듭니다. 자신들의 잘못을 인정할 용기가 없기 때문입니다.

용기 없이 살 수 있습니까? 한 나라의 국민으로서, 하나님의 백성으로서 정체성을 잃지 않고 살기 위해, 어두운 이 땅에서 용기 없이 살 수는 없습니다. 시시각각으로 유혹이 밀려오고 고난과 박해가 끊이지 않는데, 용기가 없다면 끝까지 하나님께 순종하는 삶을 살 수 있겠습니까? 불가능합니다. 그래서 용맹 또한 우리가 소유해야 할, 그리고 소유하기를 추구해야 할 가치입니다.

그러나 성경이 오늘 자랑하지 말라고 경고하는 용기는 이런 종류의 올곧음의 용기를 가리키는 것이 아닙니다. 이런 종류의 용기는 겸손하지 않으면 소유할 수 없는 용기입니다. 오늘 성경이 자랑하지 말라고 경고하는 용맹은 자신을 신뢰하는 데서 오는 헛된 용기입니다. 자신의 능력과 소유를 과신하는 데서 오는 헛된 자만심인 용기를 가리킵니다. 그러나 그것들은 진정 우리를 지켜주지 못합니다. 우리에게 필요한 것은 하나님 자신의 도우심입니다.

자랑하지 말 것 3 : 부(富)

마지막으로 부를 자랑하지 말라고 합니다. 부를 자랑하는 것은 곧 그것을 의지하는 것이고, 의지하는 것은 곧 사랑하는 것입니다. 모든 사랑의 감정에는 의존의 감정이 배어 있으며, 의존하지 않는 것은 사랑이 아닙니다.

그래서 사랑하는 대상 앞에서 우리는 작아지게 마련입니다. 부를 자랑하는 사람은 그것을 의지하는 사람입니다. 그러나 하나님은 당신의 백성이 궁극적으로 하나님 자신을 의존하며 살기를 원하십니다. 왜냐하면 그것이 바로 사랑의 관계이기 때문입니다.

하나님의 나라를 이 땅 가운데 완성해 가기 위해서는 하늘의 자원과 함께 이 땅의 자원도 필요합니다.

예수님의 삶을 보십시오. 예수님께서는 천상의 자원을 무한히 가지고 이 세상에 오셨으나 지상의 자원도 사용하심으로 하나님의 나라를 완성해 나가셨습니다. 제자들과 함께 생활하기 위해 필요한 비용을 늘 맡아 관리하는 제자가 따로 있었던 것을 보아 기적으로만 사신 것이 아니라 지상 자원을 사용하시기도 했다는 것을 분명히 알 수 있습니다.

그러나 이 자원이 잘못 사용되기도 합니다. 미국에 있는 어떤 기업은 아예 벌어 들인 돈을 모두 사탄 교회에 바친다고 합니다. 그들은 좋은 품질의 물건을 만들어서 판매한 수익을 사탄 교회에 바치고, 사탄 교회의 신도들은 그것을 그리스도의 교회를 넘어뜨리는 일에 사용합니다. 그들은 모이면 늘 그리스도의 교회를 허물기 위해 기도합니다.

이 땅의 자원이 하나님의 나라를 허물고 그 백성들을 미혹하는 일에 사용되고 있는 한 예입니다.

자랑거리, 사랑거리

우리가 자랑하는 것은 대개 우리가 사랑하는 것입니다. 그러므로 자랑거리와 사랑거리는 동일하다고 볼 수 있습니다.

사도 바울이 예수 그리스도의 십자가 외에는 자랑할 것이 없다고 말할 수 있었던 것은 그가 십자가만 사랑하고 있었기 때문이었습니다(갈 6:14).

어떤 것을 사랑하게 되면 거기에 마음을 모두 쏟게 되어 있습니다. 히브리 사람들은 한 가지를 너무 사랑하면 나머지는 미워한다고 표현하는 문학적 수사법을 자주 사용합니다. 히브리적 사고로 봤을 때, 세상을 미워하려면 세상을 미워하려고 애쓸 필요가 없이 예수님만을 깊이 사랑하면 되는 것입니다(마 22:37-40, 눅 14:26-27).

우리는 자신과 전혀 관계가 없는 것을 자랑하지 않습니다. 자랑거리는 항상 우리의 관심거리입니다. 예를 들어, 깊은 산속에서 감자밭을 일구며 끼니를 연명하는 사람이라면 어쩌다가 비싼 낚싯대를 주웠어도 그것을 자랑하지 않을 것입니다. 어디에 쓰는 물건인지도 모르고, 또한 그것이 아무리 고가의 낚싯대라 해도 어떤 낚싯대로 고기를 잡아야 잘 잡히는지 그보다 못한 것으로 낚시를 하면 어떤 불편함이 있는지 경험해 보지 못했는데, 어떻게 그것을 자랑하겠습니까? 그 물건에 관심이 없으니 자랑할 이유도 없는 것입니다.

예레미야 선지자가 자랑해야 할 것을 말하기 전, 자랑하지 말아야 할 것을 먼저 언급한 것은 이스라엘 백성들이 무엇에 관심과 애정을 집중시키고 있었는지를 보여주기 위함이었습니다. 그들이 실제로 무엇을 사랑하며 추구하는지 예리하게 지적하고자 했던 것입니다.

우리의 자랑

자랑하지 말라는 하나님의 명령을 전한 예레미야는 이제 자랑해야 할 것을 말합니다. "자랑하는 자는 이것으로 자랑할지니 곧 명철하여 나를 아는 것과"(렘 9:24上). 진실로 자랑해야 할 것은 하나님을 아는 것이었습니다.

예레미야 선지자는 하나님을 아는 지식에 이어 여호와께서 인애와 공평과 정직을 땅에 행하는 자이심을 깨달은 것을 자랑하라고 말합니다. 하나님을 아는 지식과 뒤에 열거한 여호와의 행하심은 서로 다른 내용이 아닙니다. 후자는 하나님을 아는 지식의 구체적인 내용에 해당하는 것입니다.

이 부분을 히브리어 성경에서 살펴보면 다음과 같은 의미입니다. "나 여호와는 그 땅 안에서 인자와 공평과 의로운 행동을 행하는 여호와다."

하나님의 백성들은 그것을 깨닫고, 자랑하라는 것입니다. 이 본문을 놓고 볼 때 우리는 여호와의 행하심을 알되, 우선 그분이 어디서 행하시는지를 알아야 합니다.

그렇다면 '그 땅'으로 표현된 그 장소는 과연 어디입니까? 그곳은 하나님께서 약속으로 주신 땅을 가리킵니다. 그러므로 그 땅은 주님께서 창조하신 세상, 하나님의 백성들이 보냄을 받은 구체적인 삶의 현장을 말합니다.

그들의 구체적인 삶의 현장에 하나님의 성품이 흘러 들어와서, 언약 백성들은 삶의 요소요소에서 하나님의 인자와 공평하신 성품을 경험합니다. 그들은 억울한 일을 당해서 불의하게 고통받을 때, 악한 자를 멸하시고 의로운 자를 붙들어 주시는 하나님의 의로운 행위로 인해 구원을 받습니다.

우리가 하나님의 이러한 성품을 맛보는 것은 치열한 삶의 현장에서입니다. 우리는 삶을 통해 경험한 하나님의 인자와 공평과 의로움을 알고, 그분이 행하신 이 일을 자랑하고 알려야 합니다.

하나님의 행사를 무엇으로 자랑하고 알릴 수 있을까요? '하나님께서 이렇게 훌륭한 분이시다.' 라는 구호를 만드는 것은 비용이 들지 않지만 그것으로는 하나님의 고귀한 성품을 자랑하며 살 수 없습니다. 실제로 우리가 하나님의 성품을 아는 만큼 살아야 그 인자와 공평과 의로움을 만방에 선포할 수 있습니다.

하나님을 아는 지식이 우리 머리에서 잠들게 놓아 두지 맙시다. 그 지식이 현장에서 살아 숨쉬게 합시다. 세상 사람들은 우리의 영혼에 생명이 있는지 없는지 우리의 외양만으로는 지각할 수 없습니다. 그들은 우리가 삶의 현장에서 흘리는 피와 땀을 보면서 그 실체가 어떠한지 알게 됩니다.

특별히 사랑의 문제를 생각해 봅시다. 사랑의 속성에 대해 말하고, 사랑하며 살았던 사람들의 이야기를 들려주는 것은 큰 비용이 들지 않습니다. 매일 사용하는 입술을 열어 말만 하면 됩니다. 그러나 실제로 한 사람을 진심으로 끝까지 사랑하기 위해서는 얼마나 많은 희생이 필요합니까?

그는 온전한 사랑을 이루기 위해서 끊임없이 한 사람을 사랑하지 못하게 하는 요소들과 싸워야 하고, 누군가를 있는 모습 그대로 받아들이지 못하게 하는 자기를 꺾고 한없이 낮아져야 합니다. 자기가 아닌 한 인간 앞에서 자기의 존재를 양보하는 일은 때때로 살을 찢고 뼈를 깎는 것과 같은 희생의 고통을 동반합니다.

이러한 이치는 신앙의 세계 속에서 더욱 분명히 나타납니다. 말과 머리 속의 지식만으로는 핵심에 이를 수 없습니다. 기독교 신앙의 진수는 삶의 현장에서 경험됩니다. 진리 자체가 생명이지만, 하나님께서는 그 진리가 자신의 백성들의 삶을 통해 흘러 넘치기를 원하십니다.

그리스도인은 하나님을 아는 지식의 깊이만큼만 아름다운 삶을 살아갈 수 있습니다. 또 그런 삶을 사는 것만큼 하나님의 성품을 더욱 깊이 알아갑니다. 하나님을 아는 지식 안에 삶이 묶이고, 하나님을 아는 지식은 그 삶 속에 깃들입니다.

이 상호 작용은 영혼을 끊임없이 고양시키고, '하나님을 경외하는 삶'에 이르게 합니다. 이것이 하나님의 백성들이 자랑하고 추구해야 할 삶입니다.

하나님을 아는 자의 삶

하나님을 아는 지식을 추구하는 영혼의 작용은 우리의 삶에서 구체적으로 어떻게 드러날까요? 본문은 이것이 인자와 공평과 의로운 행동으로 나타난다고 말합니다.

첫째, 인자로 드러납니다. 언약 백성이 인자를 행한다고 하는 것은 본인은 아무 공로 없고 자격이 없는 죄인이지만 언약 관계 때문에 하나님께 자비를 받아서 다른 이들에게도 그것을 베풀고, 심지어는 자기를 미워하는 원수들에게까지 주님께로부터 받은 자비하신 사랑으로 인자를 베푸는 것입니다.

둘째, 공평으로 드러납니다. 공평은 히브리어로 '미쉬파트'(מִשְׁפָּט)인데, 이는 하나님의 공정한 판단을 의미합니다. 하나님의 이런 성품을 닮아가면 우리는 하나님의 판단 앞에서 행하게 됩니다.

수많은 그리스도인들이 신앙의 길에 들어서서 처음 은혜를 받을 때에는 올곧게 살아가다가도 은혜로부터 멀어지면, 이내 불순종과 죄로 인해 휘청거립니다. 극복하기 어려운 장애물을 만나면 휘어 버리고, 생각한 것보다 큰 희생을 치러야 하는 위기를 만나면 구부러지려 합니다. 그런 일이 없을 수는 없지만, 모두 올곧음이 없는 신앙 생활입니다.

이런 삶으로는 공평을 추구할 수 없습니다. 잘 구부러지는 자(尺)로는 길이를 잴 수 없듯이 올곧음이 없는 신자는 공평을 추구할 수 없습니다.

신자가 수시로 변하는 세상의 가치와 변덕스러운 사람들의 기대를 좇아 살면, 항상 무언가에 쫓기듯 살 수밖에 없고 인생에서 만족을 얻을 수 없습니다. 불변하시며 신실하신 하나님의 판단을 좇아 자신의 삶을 헤아리고, 자신을 혼란스럽게 하는 상황들을 옳게 판단하며, 하나님의 시선 앞에서 살아가는 것이 이 땅에서 공평을 행하는 삶입니다.

셋째, 의로운 삶으로 드러납니다. 이것은 '의롭게 행동하는 삶'을 가리킵니다. 의로운 삶이란 율법이 요구하고 있는 기준에 부합하는 삶을 뜻합니다. 주님을 사랑하기 때문에 그분의 율법을 좇아 사는 행위가 삶의 현장에서 그대로 드러나는 삶입니다.

모세의 율법이 두 돌판에 새겨졌습니다. 첫 번째 돌판에서는 하나님을 경외하는 것을 가르치고 있으며, 두 번째 돌판에서는 이웃을 사랑하는 것에 대해 가르치고 있습니다.

이는 예수 그리스도의 율법과도 맥을 같이합니다. 그분은 율법의 시작이요 마침이 되심에도 불구하고 자기를 율법에 복종시키고 그것을 준행하며 사셨습니다.

그런 의미에서 서른세 해를 사신 주님의 생애 갈피갈피는 하나님의 율법의 요구를 만족시키기 위해 사신 그분의 피와 땀의 흔적입니다.

하나님을 알 때

신이 인간에게 주신 능력으로는 100미터를 10초 안에 뛸 수 없다고 믿던 시절이 있었습니다. 그러나 그 10초대의 한계는 1968년 미국의 짐 하인스(Jim Hines)에 의해 무너졌고, 이후 계속 새로운 기록이 세워지고 있습니다.

이런 초인적인 기록을 세우게 된 요인에는 혹독한 훈련과 선수의 탁월한 체력도 있지만 빼놓을 수 없는 것이 육상화의 눈부신 발전입니다. 스포츠용 신발의 발전은 기록 향상과 부상 방지에 큰 공헌을 해왔습니다.

96년 애틀랜타 올림픽 남자 200m 및 400m 우승자였던 마이클 존슨(Michael Johnson)의 육상화는 '황금 슈즈'로서 그만을 위해 나이키사(㈜)가 특수 제조한 신발이었습니다. 그 가격은 우리의 상상을 초월합니다. 참고로 한국 마라톤 대표 선수였던 이봉주 선수를 위해 제작된 수제 운동화는 1억 원이었다고 합니다.

아무리 운동화가 인체 공학적으로 세밀하게 만들어졌고, 가격이 어마어마하더라도, 우리가 더 중요하게 생각하는 사실은 운동화의 품질과 가격이 아니라 금메달로 나라의 명예를 빛나게 한 일입니다.

우리가 이제까지 살펴보았던 언약 백성으로서의 삶의 내용을 채웠다고 하여도, 그 내용을 통해 정작 보여주어야 할 것은 무엇입니까? 언약 백성인 나의 삶의 근원이 되시는 하나님을 보여주어야 합니다. 그분을 자랑합시다. 우리의 삶의 내용은 운동 선수에게 있어서 아주 훌륭한 신발과 같습니다. 우리가 아무리 인자하고 공평하고 의로운 행위로 삶을 든든히 채워 가고 있을지라도, 그것은 금메달의 명예가 아니라 육상 선수의 운동화에 지나지 않는 것입니다.

지식에서 자라감

본문에서 하나님께서는 선지자의 입을 빌어, '나 여호와는 행하는 여호와다.' 라고 분명하게 말씀하십니다. 하나님께서는 자신이 직접 말씀하신 대로 우리의 삶 속에서 구체적으로 행동하는 분이십니다.

우리가 하나님의 인자, 공평, 그리고 의로우심을 맛보는 것은 예배당이나 기도실에서만이 아닙니다. 자신을 스스로 가치 없는 인간이라고 낙인을 찍고 삶을 포기하고 싶을 때, 밤길을 헤매는 것과 같이 인생에서 희미한 불빛 한줄기도 찾지 못하여 허우적거릴 때, 불의한 자의 압제로 인해 눌리고 고통당할 때, 하나님께서는 더러운 죄인을 용납해 주시는 자비와, 하나님의 판단 앞에 우리를 세우시는 공평, 그리고 하나님의 율법을 좇아 사는 의로운 삶으로 우리를 이끄시는 그분의 의를 우리 삶에 행하심으로 하나님의 살아 계심을 몸소 경험하게 해주십니다.

그렇게 행하시는 하나님을 경험하면서 우리는 하나님의 성품이 어떠한지를 날마다 새롭게 알아갑니다. 그 행하심이 날로 더할수록 하나님을 아는 우리의 지식도 쌓여 갑니다. 언약 백성이 진정으로 자랑해야 할 것이 행하시는 하나님의 역사입니다. 그리고 그 역사와 함께 하나님을 아는 지식도 자라 가기를 간절히 사모해야 합니다.

chapter 9

하나님을 추구함

"그 성호를 자랑하라 무릇 여호와를 구하는 자는 마음이 즐거울지로다" 대상 16:10

Why do you boast in your self?

하나님을 추구함

하나님 자랑 끝에 흘린 눈물

오래전, 제 영혼이 침체에 빠졌을 때가 있었습니다. 그 때 같은 교회에 다니는 한 지체가 저에게 상담을 요청하였습니다. 그리고 자신을 부당하게 대우하시는 하나님에 대한 원망과 자신의 갈등을 털어놓았습니다.

저는 그의 신앙이 흔들리고 있음을 알았습니다. 마음을 기울여 그의 말을 들어 주고, 제가 아는 지식 안에서 하나님의 선하심과 신실하심을 이야기해 주었습니다. 그리고 제가 살아온 인생길에서 하나님께서 어떻게 나를 사랑하셨고 자비를 베풀어 주셨는지를 들려주었습니다.

두어 시간 대화를 하다가 하나님의 사랑에 감동을 받고 눈물을 흘린 것은 그 지체가 아니라 바로 제 자신이었습니다.

언약궤의 귀환

다윗 시대에 여호와의 언약궤가 일정한 처소 없이 여기저기 임시로 이동하다가 다윗 성에 들어오는 장면이 역대하 16장에 기록되어 있습니다.

언약궤는 이스라엘 백성들에게 있어서 하나님의 임재의 상징이었습니다. 또한 정치적인 의미도 가지고 있었는데, 이 궤와 함께하는 왕이 왕권의 정통성을 인정받았던 것입니다.

다윗이 언약궤가 들어올 때 어린아이처럼 기뻐했던 것도 신앙적인 이유와 함께 정치적인 이유가 있었습니다. 즉 언약궤가 그와 함께한다는 것은 그가 사울의 집안에 대해 모반하고 왕권을 차지했다는 오해를 불식시키고 하나님께서 그와 함께하신다는 사실을 만천하에 선포하는 것이었기 때문입니다.

다윗은 이런 기쁨을 표현하고, 그 영광을 허락해 주신 하나님을 좀더 특별하게 찬양하고 싶었습니다. 이에 다윗은 성가대를 조직

하여 그들과 함께 하나님을 찬양하였습니다. 본문은 그 찬양의 한 소절입니다.

영혼이 고양되는 길

하나님을 자랑하는 것과 자기를 자랑하는 것은 전혀 다른 결과를 가져옵니다. 자기 자랑은 자랑하는 이로 하여금 점점 자기 중심적이게 하여, 교만하게 만드는 힘이 있습니다. 하지만 하나님의 이름을 자랑하는 찬양에는 찬양하는 자의 관심이 하나님만을 향하게 하는 효과가 있습니다.

인류는 오래전부터 노래를 정치에 이용하였습니다. 특히 전쟁을 수행함에 있어서 노래를 이용한 예가 많습니다. 군인들의 사기를 진작시키는 데 아주 효과적인 방법 중에 군가를 부르게 하는 방법이 있습니다. 이탈리아의 독재자 무솔리니(Benito Mussolini) 역시 이 방법을 사용했고, 중국 역사에서도 전쟁할 때 음악을 사용하여 자기 군대의 사기를 높이거나 적군의 사기를 꺾었던 예가 발견됩니다. 달밤에 적군을 향해 우수에 젖은 노래를 들려주어 향수에 젖게 하는 것 같은 예 말입니다. 노래를 듣는 것뿐만 아니라 자신의 입을 벌려 부르는 노래에는 그 자체에 강력하고 놀라운 효과가 있습니다. 하나님을 찬양하는 것에도 그런 힘이 있습니다. 인간은 찬양을 하면서 그 찬양이 지향하는 방향으로 가게 되어 있습니다.

하나님을 자주 잊어버리는 이스라엘 백성들에게 하나님께서 요구하셨던 것이 있습니다. 하나님의 행사를 노래로 지어서 부르라는 것입니다. 하나님의 성품과 역사를 찬양하는 가운데, 그들이 주님의 성품을 이해하게 하시고, 흩어졌던 마음들을 자신에게로 집중하게 하시려고 그런 요구를 하시지 않았나 싶습니다.

하나님께서는 종종 찬양할 수 없는 환경 속에서 찬양하라고 명령하셨습니다. 하나님께서는 찬양할 수 있을 때 찬양하는 사람들도 기뻐하시지만, 그렇지 못한 환경 중에 드리는 찬양을 더 즐거이 흠향하십니다. 상황을 보면 찬양할 수 있을 것 같지 않은데, 그래도 소리내고 마음을 기울여 찬양하기 시작하면 우리의 마음이 쇄신되고, 하나님을 전심으로 찬양할 수 있게 됩니다. 이처럼 하나님께서는 찬양을 통해서 놀라운 영혼의 회복을 주십니다.

언제나 우리 마음 저 깊은 곳에서 하나님을 향한 찬양이 터져 나올 것만 같은 마음이 되어 찬양한다면 얼마나 좋을까요? 하지만 우리는 때때로 은혜가 고갈되어 하나님을 찬양하기에 적합하지 않은 상태일 때도 있었습니다. 그러나 자의 반 타의 반으로 불렀던 찬양이 마치 메마른 펌프에 물을 끌어올리기 위해 쏟아 부은 한 바가지의 물처럼 마음 깊은 곳에서부터 찬양을 솟아오르게 할 때가 있습니다. 그래서 우리는 할 수 있을 때나, 없을 때나, 언제든지 하나님을 찬양하여야 합니다.

하나님은 우리가 찬송해야지만 비로소 영광스러운 존재가 되시는 분은 아니십니다. 그분 자신은 우리의 찬양이 없어도 너무나 존귀하고 영광스러운 분이십니다. 그런데 하나님께서 굳이 우리의 찬양을 받기 원하시는 이유가 무엇일까요? 찬양을 통해 하나님을 자랑하는 것은 하나님을 위해서가 아니라 우리 자신을 위해서입니다. 하나님의 백성들이 마음과 입을 모아 찬양할 때, 그들 안에 있던 죄에 대한 사랑과 세상을 향한 집착이 사라지고 영혼의 시선은 하나님을 향하여 고정됩니다.

다윗은 언약궤의 귀환의 감격이 영원히 지속되기를 바랐습니다. 그리고 자신뿐만 아니라 그 일을 목격한 모든 사람들이 하나님께서 행하신 일을 잊지 않기를 원했습니다. 그래서 노래를 부른 것입니다. 하나님의 성호(聖號)를 자랑한 것입니다.

여러분에게도 하나님의 성호를 자랑함으로 마음의 즐거움이 회복되었던 경험이 있을 것입니다. 우리가 신앙으로 사는 것이 너무 힘들고 괴로운데, 하필이면 그렇게 안 좋은 상태일 때 누군가가 우리에게 신앙 상담을 요청해 온 경우를 생각해 봅시다. 그 사람의 말을 들어 보니, 참 엉망으로 사는 모습이 꼭 지금의 우리와 같습니다. 그래서 오랜 시간 이야기도 들어 주고, 최근에 자신이 묵상했던 말씀, 더 거슬러 올라가 한참 은혜받고 있을 때 들었던 말씀, 기억도 가물가물한 은혜의 경험, 하나님을 깊이 만난 이야기 등 그에게 도움이 될 만한 이야기들을 총동원하여 권면을 해주고 났더니, 이상하게도 자신의 혼란스러웠던 마음이 정리되고 마음에서 쇄신의 작용이 일어나는 것을 경험합니다. 이런 놀라운 경험이 여러분에게도 있지 않습니까?

이처럼 상담자가 내담자에게 은혜로운 말로 권면하고, 하나님 중심으로 대화하며, 하나님께 감사하고 그분을 송축하는 가운데 그 입술의 고백이 자신의 마음에 영향을 준 것입니다.

자기 자랑의 힘

하나님께서는 그분의 성호를 자랑하는 것으로 우리의 영혼을 변화의 문턱으로 인도하시지만, 사단은 자기 자랑을 통해 신자들을 넘어뜨리려고 합니다. 여러분은 하루 종일 자기 자랑을 늘어놓느라 정신없이 보내고 집으로 돌아오는 길에 그 마음이 너무도 공허하게 느껴진 경험이 없습니까?

제가 전도사로서 교회학교를 섬기던 때였습니다. 아침 일찍 교회에 가기 위해 시내버스를 탔습니다. 버스 뒷자리에는 두 명의 젊은 부인이 함께 타고 있었습니다. 버스에 승객이 없으니 그들이 하는 말이 건너편에 앉아 있는 제게 거의 다 들렸습니다. 버스에 올라 자리를 잡자마자 두 사람은 강남의 아파트 시세부터 시작해서 재개발 지역 땅값에 이르기까지 긴 시간 동안 같은 이야기를 나누었습니다. 그리고 서로 자신들의 부를 자랑하였습니다. 이따금 큰 소리로 웃기도 했습니다. 약 40분 동안 버스에서 내리기까지 쉼 없는 자기 자랑으로 시간을 보냈습니다. 두 사람의 손에는 성경책과 교회학교 공과책이 들려 있었습니다. 그들의 대화를 듣고 나니, 마치 제가 그 이야기를 한 것처럼 힘이 빠지는 듯하였습니다.

 이렇게 남이 자랑하는 소리만 들어도 우리 마음에 은혜가 고갈되는데, 하물며 자신의 입으로 스스로 대견히 여기며 자랑하는 말을 직접 늘어놓는 것은 영혼에 얼마나 많은 해악을 주겠습니까? 사단은 자기 자랑이라는 훌륭한 도구를 이용해 신자의 영혼을 지치고 무기력하게 만들려고 합니다.

 우리가 자기 자랑을 통해 무엇을 얻을 수 있습니까? 우리의 자랑은 남으로 하여금 비교 의식을 갖게 하고 결국 상대에게 열등감을 느끼게 합니다. 자랑을 한 자신도 할 때는 흥이 나서 하지만 돌아서면 마음속에 공허함이 밀려옵니다. 자기 자랑 때문에 마음에 심한 타격을 입은 신자는 경건에 심각한 해를 입게 됩니다. 이 결과는 사단이 그토록 바라고 원했던 모습입니다.

하나님을 추구하는 자

본문에서 "그 성호를 자랑하라"는 구절 뒤에 "여호와를 구하는 자는 마음이 즐거울지로다"라는 문장이 나옵니다. 이 말씀을 통해 우리는 그 성호를 자랑하는 것과 여호와를 구하는 것이 동일한 의미로 쓰인 것을 알게 됩니다. 그렇습니다. 하나님을 추구하고 그분과 연합되고 그분을 닮고 그분의 성품처럼 거룩해지기를 원하는 것이 인생의 목표인 신자는 자기 자랑으로부터 멀리 떨어지고 하나님을 자랑하게 됩니다.

오늘날 그리스도인들의 교제 생활에 있어서 아쉬운 것이 무엇입니까? 개개인은 주님을 찾고 추구하는 것 같은데, 모이면 관심사가 다른 곳에 집중된다는 점입니다.

성도들의 교제가 아름답기 위해서는 주님을 전심으로 찾고 구하려는 마음을 가진 자들이 모여야 합니다. 우리가 한 성령 안에서 교제하면, 다른 성도들의 하나님을 향한 거룩한 추구와 섬김의 자세를 배울 수 있습니다. 설교를 몇 번씩 듣는 것으로도 영혼은 변화되지만, 경건한 한 사람의 모본을 보는 것으로도 영혼은 도전을 받고 변화될 수 있습니다.

오늘날 성도의 교제 가운데 만연해 있는 은근한 자기 자랑과 뻐김, 그리고 자만심과 자기를 나타내 보이고자 하는 노골적인 자기 과시는 그들의 관심사가 하나님을 향하고 있지 않음을 보여줍니다.

하나님을 더욱 사랑하려 하고 그리스도 예수와 더욱 연합하려고 하는 소원, 날마다 영혼을 죄와 불결에서 깨끗하게 하고자 하는 갈망, 주님의 분부를 따라서 거룩하고 진실한 삶을 살려고 하는 진지한 구도의 자세는 자기 자신의 자랑거리를 잊도록 만들어 줍니다. 오히려 그런 구도의 길에서 자기에게 은혜를 베풀어 주시고, 구원의 길을 열어 주시고, 도움이 되어 주신 그 하나님의 은혜를 계속해서 떠올리게 합니다.

성화와 자기 자랑

끊임없이 성화의 길을 걸으면서 경험하고 깨닫게 된 진리들을 자신의 삶에 적용하는 사람들은 망가졌던 삶의 태도를 올바르게 고쳐 갑니다. 그들의 발자국은 그 자체로 뒤따라오는 신앙의 후배들에게 본이 됩니다.

누구도 그리스도 예수처럼 살 수는 없지만, 그리스도를 끊임없이 바라보고 산 사람들의 삶의 행로에는 항상 그리스도의 향취가 묻어 있기 마련입니다. 우리들이 걸어가는 인생의 길에서 그리스도의 향기가 풍기지 않는다면, 우리가 어찌 그리스도의 제자이겠으며 하나님의 자녀이겠습니까? 우리는 모든 면에서 그리스도의 향기를 발하는 온전한 신자가 되어가야 합니다. 그러기 위해서는 자기 자랑의 태도를 더 많이 고치고 다듬어 주님만 높이는 성도의 삶을 살아야 합니다.

바울 사도는 자신이 사람을 기쁘게 하기 위해 살고 있다면 하나님의 종이 아니라고 말했습니다. "내가 사람들에게 좋게 하랴 하나님께 좋게 하랴 사람들에게 기쁨을 구하랴 내가 지금까지 사람의 기쁨을 구하는 것이었더면 그리스도의 종이 아니니라"(갈 1:10).

하나님을 자랑하는 나라

어거스틴(Augustine of Hippo)은 그의 저작 『신국론』에 이런 말을 남겼습니다. "두 가지 사랑이 두 도시를 건설했다. 심지어 하나님까지도 멸시하는 자기 사랑이 지상 도성을 만들었고, 자기를 멸시하면서 하나님을 사랑하는 사람이 천상 도성을 만들었다. 따라서 지상 도성은 자신을 자랑하며 천상 도성은 주님을 자랑한다."

하나님의 나라는 하나님의 통치가 있는 곳입니다. 우리의 마음에 하나님의 통치가 이루어지고 있다면 우리가 발 딛고 있는 곳 어다나 하나님의 나라와 다름이 없습니다. 하지만 생각해 보십시오. 우리의 마음을 가득 채우고 있는 것이 무엇인지……. 끊임없이 누군가에게 인정받기 위해, 높임을 받기 위해, 자신을 드러내기 위해 전전긍긍하십니까? 그렇다면 여러분이 서 있는 그곳은 하나님의 나라로서의 특성이 드러나지 않는 곳입니다.

하나님을 향한 사랑으로 가득 채운 여러분의 영혼이 주의 이름으로 자랑할 때, 여러분의 밟는 그곳이 주께서 통치하시는 나라를 가장 잘 드러내는 또 하나의 천국이 될 것입니다.

저는 밤하늘의 별을 보면서 끝을 알 수 없는 영원을 생각합니다. 그리고 그 생각은 하나님의 무한하심과 불변하심, 그리고 완전하심을 묵상하는 데까지 이릅니다. 그 영원의 빛 앞에서 우리를 비추어 보았을 때, 우리에게 있는 것 중에 하나님 앞에 자랑할 수 있는 것은 아무것도 없음을 알게 됩니다. 왜냐하면 영원하신 삼위 하나님의 아름다움 앞에서 그것들은 존재하지 않는 것이나 다름없기 때문입니다. 우리의 자랑은 성령 안에서 성부 하나님께로 우리를 연합시켜 주신 예수 그리스도뿐입니다.

사명선언문

너희가 흠이 없고 순전하여……세상에서 그들 가운데 빛들로
나타내며 생명의 말씀을 밝혀 _ 빌 2:15-16

1. 생명을 담겠습니다
만드는 책에 주님 주신 생명을 담겠습니다.
그 책으로 복음을 선포하겠습니다.

2. 말씀을 밝히겠습니다
생명의 근본은 말씀입니다.
말씀을 밝혀 성도와 교회의 성장을 돕겠습니다.

3. 빛이 되겠습니다
시대와 영혼의 어두움을 밝혀 주님 앞으로 이끄는
빛이 되는 책을 만들겠습니다.

4. 순전히 행하겠습니다
책을 만들고 전하는 일과 경영하는 일에 부끄러움이 없는
정직함으로 행하겠습니다.

5. 끝까지 전파하겠습니다
모든 사람에게, 땅 끝까지, 주님 오시는 그날까지
복음을 전하는 사명을 다하겠습니다.

서점 안내

광화문점	서울시 종로구 새문안로 69 구세군회관 1층 02)737-2288 / 02)737-4623(F)
강남점	서울시 서초구 신반포로 177 반포쇼핑타운 3동 2층 02)595-1211 / 02)595-3549(F)
구로점	서울시 동작구 시흥대로 602, 3층 302호 02)858-8744 / 02)838-0653(F)
노원점	서울시 노원구 동일로 1366 삼봉빌딩 지하 1층 02)938-7979 / 02)3391-6169(F)
분당점	경기도 성남시 분당구 황새울로 315 대현빌딩 3층 031)707-5566 / 031)707-4999(F)
일산점	경기도 고양시 일산서구 중앙로 1391 레이크타운 지하 1층 031)916-8787 / 031)916-8788(F)
의정부점	경기도 의정부시 청사로47번길 12 성산타워 3층 031)845-0600 / 031)852-6930(F)

인터넷서점 www.lifebook.co.kr